基于核心素养的小学语文教学设计与实践研究

王　珍◎著

吉林文史出版社

图书在版编目（CIP）数据

基于核心素养的小学语文教学设计与实践研究／王

珍著 . -- 长春：吉林文史出版社，2023.2

ISBN 978-7-5472-9269-3

Ⅰ.①基… Ⅱ.①王… Ⅲ.①小学语文课-教学设计

-研究 Ⅳ.①G623.202

中国国家版本馆 CIP 数据核字（2023）第 035764 号

JIYU HEXIN SUYANG DE XIAOXUE YUWEN JIAOXUE SHEJI YU SHIJIAN YANJIU

书　　名	基于核心素养的小学语文教学设计与实践研究
作　　者	王　珍
责任编辑	陈　昊
出版发行	吉林文史出版社有限责任公司
地　　址	长春市福祉大路 5788 号
网　　址	www.jlws.com.cn
印　　刷	北京四海锦诚印刷技术有限公司
开　　本	185 毫米×260 毫米　1/16
印　　张	11
字　　数	274 千字
版　　次	2024 年 4 月第 1 版　2024 年 4 月第 1 次印刷
定　　价	52.00 元
书　　号	ISBN 978-7-5472-9269-3

前　言

　　小学正是学生价值观形成的重要阶段，也是为各学科学习打基础的阶段，更是培养学生自主学习能力的重要阶段，因此，语文学习在小学教育教学中占有重要比重，语文老师不仅要教学生学习语文知识，也应在语文学习中教给学生学习语文的方法，不断培养学生自主学习的能力。在语文教学中，老师应改变以往的教学模式，按照新课程的教学理念和教学模式，关注学生的心理变化特征，设计多元化的适宜学生学习和发展的教学模式。在语文课程教学设计过程中，老师应按照分层教学、先易后难的教学模式，并在课程设计中创设宽松愉悦的教学氛围，让学生积极参与到语文课堂学习中，并自主参与讨论。学生在语文学习中不断积累经验，寻找高效的语文学习方法，不断完善语文学习方式方法，最终形成语文核心素养。因此，在新课程的不断深化改革下，小学语文教学模式以及教学理念均在革新，并通过不断探索，设置多元化的既能吸引学生自主学习兴趣，又能在语文学习中总结经验和方法的课程，形成适宜于学生全面学习和发展的语文核心素养，以提高小学语文整体教学水平。

　　基于此，笔者撰写了《基于核心素养的小学语文教学设计与实践研究》一书，在内容编排上共设置六章，第一章作为本书论述的基础与前提，分析教学设计的界定、特征与类型划分；小学语文教学设计的原则与要素；基于核心素养的小学语文教学思维转向。第二、三、四、五章分别从教学体系、知识、内容、综合性学习四方面探讨核心素养下的小学语文教学设计。第六章站在实践的角度，研究基于核心素养的小学语文读写结合策略、小学语文个性化作业设计、小学语文翻转课堂教学设计、小学语文微课教学设计、小学语文大单元教学设计。

　　本书努力突破同类教材以理论知识为主导的倾向，引导学生通过课堂实例加深对教学原理的认识，让学生沉浸在教学情境中进行体验式学习。一是依据未来教师进入课堂教学的需要精选教学内容，让学生在有限的教学时间里大致了解语文课程与教学；二是密切理论和实践的联系，通过一些案例加深学生对教学原理的认识，引领学生在实践中提高教学技能；三是设计开放性的教学内容，关注语文教学改革最新动向，让教材成为学生实现自我发展的资源；四是精心分析学习目标、教学建议，以提高学生的实际教学能力和研究能力。

本书在撰写的过程中，借鉴了许多论文和著作中的观点与材料，在此向有关作者致以诚挚的谢意。由于时间紧迫，编者水平有限，本书的疏漏之处在所难免，期望广大读者提出宝贵意见，以便日后不断修正。

目 录

第一章 基于核心素养的小学语文教学理论审视

第一节 教学设计的界定、特征与类型划分

一、教学设计的概念界定

从内容上看，教学设计有广义和狭义之分。"广义的教学设计指的是把课程设置计划（总体规划及各门具体课程计划）、课堂教学过程、媒体教学材料看作教学系统的不同内容层次所进行的系统设计。"狭义的教学设计就是指对某一门课程或某一教学单元、单课或某一项培训这些较小教学系统的设计。无论是广义还是狭义的教学设计，一般都包括目标、内容、结构、课时、方法、媒体、场所、人员、测验等组成部分。若没有特指，学校中的教学设计是指教学单元或单课的设计。

任何教学设计理论的基本前提都是为学习者的学习而设计教学，从这一点来讲，学习者的学习问题就是教学设计者应解决的根本的教学问题。除此之外，为了解决学习问题而必需的各种条件（如资源、媒体、环境等）方面的问题也构成了设计所必须面对的教学问题。因此，教学设计为了解决各种教学问题，就必须理解教学问题的实质，发现解决教学问题的途径，然后提供解决教学问题的方法。

二、教学设计的基本特征

（一）教学设计的理念是"学习者中心"

教学设计的生命力在于"学习者中心"，这是现代教学设计最本质、也是最显著的特征。"学习者中心"表达的是以人为本、基于学习与知识创新的现代教学设计理念。"学习者中心"的教学设计意在强调把学习者而不是把某 ID 模型的程序作为教学设计活动的聚焦点，一切设计活动均围绕有利于学习者学习与发展的教学实践而展开，而不是依照设

计的流程而展开。"学习者中心"的教学设计关注人类学习研究的新成果并以教育发展的系统科学观为基本依据。"学习者中心"的教学设计强调要以学科内容知识为依托，通过设计各种促进学习的过程和资源，帮助学习者有效地解决问题，引导他们树立创新意识，实现整体和谐发展。一言以蔽之，有利于学习者的学习与发展，既是现代教学设计的基本出发点，也是现代教学设计的目的地，达成这一追求的道路是：通过对课程教学的重构，实现对学习的重构。

（二）教学设计是通过目标导引的

界定明确的项目（如教学任务）目标是教学设计过程的中心。目标要反映用户（如教师或学生）对项目的预期，且必须得到所有设计成员的认同。在目标的指引下，要对目标的实现做出清晰的安排和管理，以保证项目的完全实施。目标也是评价一个设计项目是否成功的根本参照。制定目标不是为了限制学习者的活动，而是在于连接学习环境中的各个子系统，对学习者的问题解决进行导航，使学习者有限的认知资源聚焦于主要任务，激励各种社会性的协作，调动各种可利用的资源支持。

（三）教学设计关注的是真实表现

教学设计的优势功能并不在于帮助学习者简单回忆信息或者运用某种规则，而在于帮助学习者如何能够更好地完成将会在真实世界中发生的行为。为此，设计者要给学习者阐明学习目标，而且这些目标必须表明期望学生运用所学知识和技能的环境。这样，就要求学习环境和实际任务场景具有高度的一致性。盛行于美国职业培训领域的基于计算机的绩效技术，意在将不同领域人类解决问题的优秀经验设计成各类培训目标并提供实现目标的知识库与策略库，再通过各种媒体技术创设资源集约化的培训（学习）环境，来增进人类学习与工作绩效和提高培训的绩效。

（四）教学设计强调评价的信度和效度

现代教学设计的评价环节强调要对学习者的各种"表现"做出适当的评价。这就要求设计者开发的评价工具必须是有效的和可信的，亦即评价手段跟学习内容及学习者表现是一致的，评价结果在不同时间和对不同个体是稳定的。信度和效度互为前提保证，如果评价是不稳定的，则无效度而言；当然，一种与学习内容不一致的评价，自然不可信。例如，针对技能型任务学习的评价，要设计一套供评价者观察学习者在完成任务的过程中展现各步操作技能的客观性标准，这些标准依照任务类型及要求而定，不因人而异，也不因时间、地点而异。而若用纸笔测验来检验技能型任务学习则是无效评价。

（五）教学设计是一种经验性活动

数据收集是教学设计过程的基本活动，从一开始的分析阶段到项目的实施阶段，数据搜集贯穿教学设计过程。数据为制定决策提供了合理的依据，也为成功地完成项目奠定了基础。因此，设计与实施是整合的、不可分割的，关于设计本身最有价值的认识往往来自启动与实施设计项目过程中的经验，实际场景中的实施和基于理论的设计是同等重要的。所有设计规划都需要在具体的实施中去修正、完善，或者抛弃。

（六）教学设计是多学科交叉的团队协作活动

教学设计通常需要借助团队的集体努力，需要具有不同专门技能个体的共同参与，甚至需要用户的参与。学科专家、专业教学设计者、计算机程序员、图形艺术设计师、制作人员、项目管理者等，往往是一支专业设计团队必不可少的成员。

三、教学设计的类型划分

按照不同的标准，教学设计可以做不同的分类。

第一，按设计行为所涉对象划分。按设计行为所涉的对象，教学设计可以分为三类：自我设计、对象性设计和互动设计。教学设计活动涉及自我设计、对象性设计和互动设计。从教师的视角考察，考虑教师如何教学、教什么的属于自我设计；主要考虑学生如何学、学什么的就属于对象性设计；而主要考虑教与学、学与学如何互相适应的设计则属于互动设计。

第二，按设计行为所涉过程划分。按设计行为所涉过程，教学设计可以分为三类：事先设计、事中设计和事后设计。事先设计又称预设性设计，事中设计也称生成性设计，事后设计又称反思性设计。预设性设计属于结果性设计，事中设计和事后设计属于过程性设计。教学设计活动通常为过程性设计与结果性设计的综合。

第三，按设计行为的层次划分。按设计行为的层次，教学设计可以分为宏观设计、中观设计和微观设计。将课程设置的总体规划及各门具体课程计划、课堂教学过程、媒体教学材料视为教学系统的不同内容层次而进行的系统设计即为宏观设计。宏观设计以课程计划、课程标准和教学模式为成果表现形式。中观设计则是依据课程计划、课程标准，针对某一门课程的设计，通常以教材为成果表现形式。微观设计是依据教材及相关教学资源，对某一学期、某一单元或某一课时进行的系统设计，成果的主要表现是教学方案。尽管作为教师需要对宏观、中观和微观三个层次的教学设计都要有所了解，但从教学实践看，教师主要还是关注微观层次的教学设计。

第四，其他分类。教学设计还可以从其他角度以不同的标准进行分类。按设计行为是否涉及情境，教学设计可以分为境遇性设计和去情境设计；按设计行为的意图可以分为有为设计与无为设计；按教学内容和对应的时长可以分为学期教学设计、单元教学设计和课时（课堂）教学设计；按教学设计所涉的要素可以分为教学目标设计、教学内容设计、教学过程设计、教学方法设计等。

第二节　小学语文教学设计的原则与要素解读

一、小学语文教学设计遵循的原则

教学设计是教育技术的重要组成部分，是教学工作的基本环节，是连接教学理论和教学实践的桥梁。课堂教学设计是教学设计中最基本的内容，它直接作用于课堂教学，决定着课堂教学效果的优劣。随着教学改革的不断深入，越来越多的教师认识到教学设计的重要性，自觉地将教学设计原理应用于教学活动之中。教师在进行教学设计时，必须遵循一定的原则，对课堂教学活动中的功能要素进行合理的统筹安排，以保证课堂教学活动获得最佳的教学效益。小学语文课堂教学设计的基本原则可以从以下几方面进行考察：

（一）教学设计的伦理原则

教学设计的伦理原则是指在教学设计过程中应当遵守的基本行为准则。它可以为制订"合伦理"的教学设计方案提供理论依据。教学设计伦理原则同其他的应用伦理原则一样，要从所涉及的教学设计活动过程出发，有针对性地选择能够直接指导教师教学设计的伦理原则。结合教学实际，从最有代表性的迪克-凯瑞教学设计模式可以看出，教学设计活动过程一般可以概括为分析学习者、确定教学目标、分析教学内容、选择教学策略、开发教学媒体和实施教学评价六个环节。从这六方面构建教学设计伦理原则体系，具体包括：①分析学习者遵循的尊重原则；②确定教学目标遵循的差异原则；③分析教学内容遵循的无害原则；④选择教学策略遵循的公平原则；⑤开发教学媒体遵循的参与原则；⑥实施教学评价遵循的个别化原则。

1. 尊重原则：分析学习者

在学习者分析之前，我们应该先对"学习者是什么"有正确的认识。学习者是具有主观能动性的个体，是独立的完整的个体，同时，学习者也是与世界有着丰富关系的人。因此，不能从单一维度片面地看待学习者。分析学习者，更确切地说应该是了解学习者，了解学习者的现状和特征，以便为其设计合适的教学，即要了解能够影响教学、影响学习者发展的所有因素，要尊重学习者作为一个具有主观能动性的、完整的个体的存在。尊重原则可以被看作是教学设计的首要原则，一切抉择以尊重学习者为前提。在学习者分析中，要尊重学习者差异，尊重学习者隐私。

2. 差异原则：确定教学目标

教学目标是对学习者学习结果的预期描述。基于学习者本身是存在差异的，其学习结果必然也是存在差异的。在具体操作层面，学习者之间的差异如此之多，不可能确定与这些差异相对应的许多个目标。因此，教学设计时一般都会以中等学习者为参考对象或者以课程标准作为参考依据确定目标。这种确定教学目标的方式体现的是大一统的思想，所有学习者以此为基准判断自己的学习结果。但课堂教学的目标是使每一位学习者在现有水平的基础上获得最大限度的发展，确定教学目标也应该是基于每一位学习者的现有水平，这也是之前进行学习者分析的目的之一。因而在确定教学目标时应该遵循差异原则。

3. 无害原则：分析教学内容

教学内容本身并不是价值中立的，而是负荷一定价值的。一方面教学内容的选择过程是有价值负荷的，因为教学内容的选择就是受价值观念（包括伦理价值观念）指导的、有意识或无意识的文化选择过程，在这个过程中，选择作为教学内容的知识也必然体现一定的价值观念。另一方面，教学内容的开发过程是有价值负荷的。教学内容的开发是指教师对教学内容的再加工与组织，在这一过程中，教学内容必然会附带教师个人价值观念的色彩。而教学内容的价值是通过学习者得以体现的。因而教学内容的价值判断应以对学习者所造成的影响作为判断标准，换言之将教学内容主要与学习者的需要和效用联系起来，而不是与教师相联系。教学内容应该给予学习者积极的影响，而非消极的影响，即教学内容的选择和开发应该遵循无害原则。

4. 公平原则：选择教学策略

教学策略是教师选择权的集中体现。在选择教学策略时，教师会把教学目标、教学内容、教学环境以及学习者的知识基础等作为选择依据。但很少会有教师把对学习者发展的公平性作为选择依据。学习者不仅是认知主体，也是情感主体，在学习过程中，有着自己独特的情感体验。而公平性在学习者主观体验中是非常值得关注的一点。这不仅影响学习者的情绪，影响其学习的积极性，也影响学习的效率，甚至影响整个班级的学习氛围，因而要正视并重视这种公平性。

5. 参与原则：开发教学媒体

教学中媒体的应用旨在促进学习者的学习，并不是去追随新技术、新媒体，因此着眼于现实，利用可利用的资源，坚持参与原则，即媒体的利用不在于其科技含量，不在于其先进程度，而在于其与学习者的互动程度，在于学习者能否充分参与其中。只有能促进学习者参与的媒体才是恰当的媒体，也才是能满足学习者需要的媒体。这种参与，首先是学习者肢体的参与；其次是学习者已有经验的参与，通过媒体使新旧经验之间建立联结，促进新知识的学习；最后是学习者情绪的参与。这三个层面相互作用、相互影响。因而媒体的利用应该能够促进这三个层面的信息交流。

6. 个别化原则：实施教学评价

教学评价应该遵循个别化原则，针对每个学习者的不同特点给予不同的评价，从而促进学习者发展。这主要表现在三方面。其一，评价方式的个别化。这种评价不是通过分数或等级的形式，而是结合学习者个人特点进行的描述性评价。通过具体而个性化的语言描述，使学习者对自己有更客观的认识。其二，评价内容的个别化。教学不仅仅是知识的教学，因而教学评价也不应局限于知识的评价。学习者的情感、能力的发展均是学习结果的重要体现，亦应成为评价内容。结合学习者个性特点的情感和能力评价更有助于促进其知识的学习。其三，评价结果的个别化。每个学习者所接收到的评价是有差异的，这种差异源于学习者本身的差别。只有这样才能真正促进个体生命成长，而不是湮没在标准答案中。

（二）要素设计的原则

课堂教学设计是以教学论、教育心理学和传播学理论为基础，用系统的观点和方法，来分析教学任务，确定课堂教学目标和教学策略。课堂教学设计的要素主要包括教学目标、教学内容、教学方法、教学媒体、教学结构、教学评价等，各具体要素设计又有具体的原则与要求。

1. 教学目标设计原则

教学目标，是整个教学活动的指导思想，是教学活动的出发点和归宿，也是检查和评价课堂教学效果的依据。课堂教学目标设计应遵循的原则具体如下：

（1）目的性原则。每堂课的教学活动，都应该围绕教学目的展开。教师必须熟悉课程标准，吃透教材内容，把握教材的各个知识点，把握每一具体要求和区分度，完成课程教学任务。

（2）适度性原则。要从学生的认识特点和班级基础出发，既不盲目求多，也不过于松散。既不盲目拔高，也不降低要求。力求教师和学生都有实现目标的可能性。

（3）可测性原则。对要达到的要求指向明确，对识记、理解、运用、分析、归纳、综合等行为要求要有具体的检测内容及明确的评定标准和依据，具备可测性。

（4）全面性原则。课堂教学目标，不仅考虑知识能力达到的程度，还要渗透思想品德的教育和非智力因素的培养，努力使学生在知识、能力、思想、心理等各方面得到全面协调的发展。

2. 教学内容设计原则

教材中的信息往往都有较强的独立性，缺乏内在层次的联系，如果我们不进行序列化信息编码，就难以使学生获得完整的、系统的知识，影响学生的逻辑思维。这就需要我们对教学内容进行优选和序列化组合。在优选和组合时，必须遵循以下原则：

（1）针对性原则。针对性原则即针对具体学情来设计。凡是学生通过自学能够弄懂弄通的东西就应尽量少讲或不讲；对一些次要的内容，教师略加点拨；学生就能理解、掌握的，可一带而过。对一些尚未被学生认知结构所接纳，且有一定难度的应浓墨重彩，讲深讲透。

（2）集中性原则。课堂教学时间的时限性和教学信息的多维性，要求教学内容要集中。教师在钻研教材的基础上，要把握教学内容中主要的、本质的东西，抓住重点，把有限的教学时间集中在最核心的教学任务上。

（3）整体性原则。教师必须把握知识结构体系，认真分析每节课中的知识在整个知识体系中的地位和作用，找出这一课内容的铺垫知识、新旧知识的连接点以及后续知识，尽量使知识结构整体呈现。

（4）延伸性原则。必要时，还要适当补充一些与教学内容有关的边缘学科知识和尚未被学生知晓的新知识，以便开阔学生视野，满足学生求知欲望，激发学习兴趣。

3. 教学方法设计原则

教学方法是为完成教学任务而采用的办法。它包括教师教的方法和学生学的方法，是教师引导学生掌握知识技能，获得身心发展而共同活动的方法。课堂教学方法的设计应有利于知识的传播和能力的培养。在教学上，既要考虑如何教给学生已经概括了的社会基本经验，又要考虑教给学生有效地去获得这些经验的方法。在学法上，既要考虑怎样指导学生去总结已有知识和经验，又要考虑如何指导学生自动更新自身知识结构，不断调控自己学习状况。

首先，在教法设计上要遵循启发性原则。教师要始终把启发思想贯穿于教学设计的整个过程，以学生为学习的主体，点拨学生独立思考，启迪学生积极思维，提高学生分析问题和解决问题的能力。其次，在学法设计上要遵循指导性原则。教师不仅要把学生当作教育对象，还要当作研究对象，研究学生学习规律，指导学生学习方法，指导学生掌握教学信息的方法，掌握预习、听课、笔记、作业、总结等学习过程中的方法，掌握自我心理调节等方法。

4. 教学媒体设计原则

教学媒体主要包括传统教学媒体和现代化教学媒体两方面。传统的教学媒体是班级授课制产生以来，教学中所采用的黑板、教科书、粉笔、教学仪器等。现代化教学媒体是19世纪末期开始在教学中逐步采用的各种电教器材（硬件）和载有信息的音像教材（软件），硬件包括幻灯机、电影放映机、电视机、录音机和电子计算机等。软件则是幻灯片、电影片、录像带、录音带、计算机软件等。在现代课堂教学中，教师实际应用最多的还是传统的教科书和板书。但电化教学媒体作为现代化教学媒体，由于具有独特的优点，已深受广大师生的欢迎。我们在设计教学媒体时应遵循的原则具体如下：

（1）传统教学媒体与现代化教学媒体优化组合。利用黑板精心设计的板书，其本身就是课堂教学的纲要和轮廓，它能突出教材的重点、难点和关键，帮助学生理清教材的脉络，打开学生的思路，而且便于学生记笔记，为课后复习提供条件。而幻灯媒体，在揭示和阐明教学中的重点和难点方面，为教师和学生提供了更加充裕的时间，便于教师讲解和学生观察、分析思考；录像媒体，以其形、声。色并茂的特点，能将所讲的对象，在大与小、快与慢、虚与实之间互相转化，使教学内容涉及的事物、现象、过程全部再现于课堂。

（2）传统教学媒体与现代化教学媒体为教学目标服务。传统教学媒体与现代化教学媒体为教学目标服务即必须选择最能有效地达到教学目标，最能充分表现教学内容，最省时间"环节"和能使教学过程最"简捷"的教学媒体。（3）传统教学媒体和现代化教学媒体艺术、技术相结合。教师不仅要掌握处理教材的艺术、板书的艺术、制作和使用教具的技术等，还要娴熟地掌握现代化教学媒体使用技术和简单的维修技术，并要学会自制课件。

5. 教学过程设计原则

在确定了教学目标，选择了教学内容、教学方法和教学媒体后，教师就需要对课堂教学做整体的安排，例如需要确定有哪些教学环节，各个教学环节占用多少时间，如何应用教学媒体和方法进行教学活动等。这就要求在对课堂教学结构进行决策时应体现科学性原则。①时间分配的合理性。一堂课40分钟，如果在课堂的起始阶段，慢条斯理，而到后半堂速度较快，学生在课内获得的知识信息就难以得到巩固。同时，由于后半堂课属非黄金时间，学生大脑已趋于疲劳，记忆力、思维能力等已明显降低，容易出现听课走神现象，此时加快教学速度，会影响学生对知识的接收，因此课堂上应合理使用教学时间单位。②教学环节的协调性。现阶段课堂教学结构一般包括预习、讲授、练习三个基本组成部分，这三个部分并不是截然分开的，预习中有讲、有练，讲授中也有练，练习中也有讲。在具体课堂设计中，教师要把握每个环节的任务和要求，相辅相成，相互协调，以实现课堂结构的整体优化。

6. 教学评价设计原则

在现代课堂教学中，教学评价应贯穿于教学活动的全过程。进行课堂教学评价应遵循以下基本原则：①差异性原则。学生之间的个性差异是客观存在的，他们的知识基础、认识能力、意识倾向、兴趣爱好、学习态度都不尽相同，教师应根据学生不同的个性确定不同层次的评价标准。②适时性原则。要把握好评价的时机。如诊断性评价，一般在课堂课堂教学前进行，借助上节课形成性评价和总结性评价的结果，使教学设计方案更加趋于合理和恰当。而形成性评价一般在课堂教学中进行，总结性评价一般在教学后进行。③全面性原则。要对涉及教学目标的各个领域和层次进行评价。④多样性原则。可以由教师、学生或机器来实施，通过目标测试题、作业练习、谈话或者提问来考查。⑤情感性原则。当学生在学习上取得新的成绩时应给予肯定的评价，让学生体验成功的欢乐；对学生学习上受到的挫折，应给予积极的鼓励，对他们非智力因素的"闪光点"进行评价，鼓舞他们学习的信心。

（三）整体设计的原则

1. 系统性原则

系统论的观点认为，系统就是由其内部相互联系又相互作用的要素结合而成的功能整体。课堂教学活动就是由教师、学生、教学媒体、教学方法、教学内容等要素构成的具有教学功能的整体系统。

课堂教学设计就是应用系统的观点，从整体的角度出发，对课堂教学活动中的基本要素以及各要素之间的相互关系进行认真的分析研究，比较各种不同要素组合产生的效果，从而选择最优的教学方案，获取最佳的教学效益。教师在进行课堂教学设计时，必须运用系统的方法分析教师、媒体、学生、教学方法和教学内容等要素在课堂活动中的地位和作用，明确各要素之间以及各要素和整个教学系统之间的相互关系，从而确定教学目标，选择教学媒体，制定教学策略，以求实现教学系统的功能最优化。

在课堂教学活动中，媒体是教育信息的载体，它的作用就是用来传递教学内容，教师在进行媒体设计时，必须从整个教学系统考察媒体和教师、学生、教学内容等教学要素之间的相互关系，明确媒体在教学系统中的地位和作用，根据教学目标的需要制订最适合学生学习的媒体方案；如果不从系统整体的观点出发，只是孤立地考虑课堂教学活动中的某一方面，简单地满足某种需要，就不能够达到优化课堂教学的目的，有时甚至会对课堂教学形成干扰。

2. 综合性原则

课堂教学设计不同于传统的教学计划。传统的教学计划是教师根据对教学内容的分析研究，安排向学生讲授知识的具体方案，由于它把教学过程单纯当作教师向学生传授知识的过程，把计划的核心放在教师的教法上，必然导致"填鸭式"的弊端。正确的做法是将教师的"教"和学生的"学"统一起来综合考虑，用教和学的理论共同作为我们设计教学的理论基础。因此，教师在进行课堂教学设计时，既要考虑自己的教法，又要考虑学生的学法；不仅注重向学生传授知识，而且注重开发学生的智力、培养学生的能力，使教学活动由传统的重视知识传授转变成知识技能的传授与学生智力和能力的开发相结合，使学生能够得到全面和谐的发展。

教学过程是教育信息的传播过程，学生是教育信息的接受者。注重课堂教学设计的综合性，就必须重视学生和教学媒体之间的相互作用。这就要求教师必须认真分析学生的特征，根据不同学生的知识结构、能力水平和心理特点，有针对性地制定教学目标，选择教学媒体，设计教学过程，充分调动学生的学习兴趣和参与意识，使每个学生都能在智力和能力上得到发展。

3. 方向性原则

教学目标是课堂教学设计的基本内容。它既是教学活动的出发点，又是教学过程的指南，同时也是评价教学效果的依据。教学目标具有较强的针对性，对教学过程中教师、学生和媒体之间的相互作用规定了明确的要求。根据美国教育心理学家布鲁姆的学习理论，教学目标可以划分为三个不同的领域，即认知领域、情感领域和动作技能领域。教师在制定教学目标时，必须根据课程标准的要求和学生的不同特点，将教学内容每个知识点的学习目标转化成学生具体的行为目标，力求使学生能将不同层次的教学目标说出来、写出来或者做出来，便于教师对教学效果进行检测和评价。

教学目标的表述具有一定的规范性，它包括四方面的要求：①目标的主体；②目标行为内容；③目标完成的条件；④目标完成的标准。

4. 媒体组合性原则

不同的教学媒体具有不同的功能特性，同时也都存在各自的局限性。传统教学媒体与现代教学媒体，或者各种现代教学媒体之间都不能相互替代。因此教师在进行课堂教学设计时，必须对教学媒体进行优化组合。教学媒体的优化组合具有一定的原则：

（1）服从教学目标的需要。教学目标是课堂教学系统的核心，而教学媒体仅仅是传递教学信息的工具。教学媒体的选择、使用和组合都必须服从教学目标的需要。

（2）充分发挥媒体特长。围绕教学目标选择教学媒体时，必须根据不同媒体的功能特性，充分发挥媒体的特长，选择使用最能表现相应教学内容的媒体种类，并且要注意传统媒体和电教媒体之间的组合，通过优化组合达到媒体功能的相互深化和补充。

（3）符合教育心理原则。学习过程不是学生对知识的被动接受，而是一个学生主动选择的过程。因此教学媒体的组合运用应该遵循认知的规律，根据学生的生理和心理特点，以及不同的知识结构和智力水平，充分利用媒体手段来激发学生的学习动机，保持学生的注意力，避免对学生的学习心理形成不良干扰。

优化组合教学媒体时，还应考虑不同媒体的信息符号对学生的作用效果。语言符号便于与学生进行沟通交流，画面符号具有直观的想象作用，音像混合符号则给学生以视觉和听觉的综合刺激。课堂教学设计时具体选择哪种信息符号，要根据教学目标的具体要求，使之符合学生的心理特点和认知规律，以求利用不同媒体信息符号的功能优势，来揭示教学规律，突破教学的重点和难点，强化课堂教学效果。

5. 反馈性原则

课堂教学过程是教师、媒体、学生等教学要素相互作用的过程。在教学活动中，教师通过媒体向学生传递教学信息，学生则通过媒体来进行学习，教师和学生之间不断地进行教学信息的反馈与交流。随着现代教学媒体在课堂教学中的广泛应用，教学过程中的信息反馈与调控越来越成为优化课堂教学的一项重要因素。

反馈调控是指教师在课堂教学过程中通过学生的学习反应获得反馈信息，然后根据这些信息相应地调整教学过程，弥补教学设计的不足，有效地控制整个教学活动向着完成教学目标的方向发展。教师在教学过程中通过交代目标，激起动机，引发学生的学习兴趣和主动参与意识。教学过程中学生产生的各种反应都是教师的反馈信息。同时教师还可以通过明确具体的教学目标对学生的学习效果进行评价分析，检查课堂教学目标的完成情况，并以此为依据找出课堂教学设计中存在的问题，如媒体内容的展示时机、教学媒体的使用环境等，从而为课堂教学活动做出正确的决策。

总而言之，课堂教学设计是以实现课堂教学最优化为目标，用系统的观点和方法对教学活动中的基本要素进行统筹安排的过程，它主要包括教学目标的确立、教学媒体的选择、教学策略的制定、教学效果的评价等基本内容。要实现课堂教学系统的功能最优化，获得课堂教学的最佳效益，就必须对整个系统的功能要素进行良好的设计和合理的统筹。

二、小学语文教学设计的要素解读

教学设计要素有一般要素与其他要素之分。教学设计的一般要素是指教学设计按设计内容和环节划分的要素，一般包括教材分析、学情分析、教学目标设置、教学重难点设计、教学内容设计、教学过程设计、教学方法设计、教学评价设计等；教学设计的其他要素则主要包括提问设计、板书设计、说课设计、教案设计以及媒体手段运用设计等。

（一）教学设计中的一般要素

1. 教材分析

教材作为课程计划和标准的具体化形式，是教师指导学生获取知识和培养能力的重要载体。因此，教材分析首先要分析语文课程标准，就小学而言就是要认真研读语文课程标准中关于小学语文部分的内容，在此基础上，深入钻研教材，并进行教材分析。分析教材要注意系统性，不能局限于某一课、某一单元或者某一项语言训练活动。其次，教材分析要分析所授的具体课文或章节，这是教材分析的重点任务。

2. 学情解读

学生是学习的主体，学生的学习态度、思想情感、知识积累、能力构成、学习环境等对学习产生直接或间接的影响，因此学情分析具有必要性。教师要注意分析学生语文学习中的个性和共性问题，关注目前学习的内容与学生先前知识以及后续将要学习的内容之间的关联，分析学生学习中存在或可能存在哪些困难，以及如何解决这些困难。学情分析可以避免教师做出一厢情愿式的脱离实际的教学设计，学情分析到位是成功的教学设计的基本条件之一。

3. 教学目标

教学目标是教师在教学前对学生学习行为变化的预期。教学目标不仅对学生具有心理导向和激励功能，而且制约着教学设计和实施的方向，影响教师对教材的处理与加工，对教学过程的确定、教学方法的选择和作业习题的布置等也都会产生影响。教学目标设计要在对教材、学情分析的基础上进行，一般要求做到全面、规范、具体和开放。

4. 教学重难点

教学重点是指在所教学科知识体系中处于重要地位，对后续知识的学习和理解会产生重要影响的知识点。这就意味着教学重点是一个绝对概念，它不会因教育者或教育对象的变化而发生变化。因为知识体系是确定的，不同知识在知识体系中的地位和作用也是确定的。教学难点是指教材中学生较难理解和掌握的部分。由于教学难点是相对于学生的理解力而言的，不同学生的理解能力有高低，这就决定了教学难点是一个相对概念，可以因人而异。对某些学生而言是难点的知识，对其他学生来说则未必是难点。

5. 教学过程

小学语文教学过程设计要依据小学生学习语文的特点、不同板块教学内容的特点以及具体教学内容的要求来进行。教学过程设计不是教学内容的再现，要注意发挥教师主导、体现学生主体和媒体优化作用。教学过程设计还要体现一定的教学方法。

6. 教学方法

教学方法与教学目的相联系，是实现教学目的不可或缺的工具，是师生共同完成教学活动所采用的手段，而并非单指教师的工作方法。教学方法的功能是多方面的，既可凭借教学方法使学生掌握知识、技能和技巧，也可凭借教学方法使学生形成思想品质和审美观点，发展他们的能力和创造素质。教师要根据教学的目的和任务、教学内容的性质和特点、教学对象的实际情况、教师自身素质及所具备的条件以及教学方法的类型与功能，选择合适的教学方法。

7. 教学评价

教学评价的目的是为了促进学生学习，同时改善教师的教学。小学语文教学评价设计应科学反映学生的学习水平和学习状况，全面落实语文课程目标。教学评价设计要恰当运用多种评价方式。教学评价设计的内容一般体现为教学评价方案的设计和课程考评试卷的设计。教学评价的设计要体现语文课程目标的整体性和综合性，要根据不同学段、不同年龄学生的特点，按照不同的课程目标，抓关键、明重点，采用合适的方式，提高评价的效率和效果。

（二）教学设计中的其他要素

1. 提问

对于学习者来说，学习过程实际上是一种提出问题、分析问题、解决问题的过程。教师出色的提问能够引导学生去探索达到目标的途径，获得知识智慧，养成善于思考的习惯和能力。提问是为教学服务的，为提问而提问是盲目的提问。要进行有效的提问，关键在于科学地设计问题，以激发互动与共鸣为原则设计提问，以紧扣教学重点为基点精选关键提问，以课堂教学需要为根据把握提问时机，以拓展学生思维为目的预留想象空间，以轻松活泼有趣的语言编制系列问题。

2. 板书

板书是教学中所应用的一种主要的教学媒体，板书艺术则是教学艺术的有机组成部分。

现代教学媒体的大量涌现不仅没有使板书退出教学课堂的舞台，反而更加彰显板书不可替代的特点与优势，也更加丰富了板书的显现形式。板书内容构成直接影响板书质量和教学效果。因此，教师应对板书内容进行精心设计，使其科学、精练、好懂、易记。对每堂课的板书内容设计，应根据教材的内容、教师的设计技巧和学生的适应程度而定，难以做统一的规定。因为即使同一教学内容，不同的教师、不同的对象，可以设计出不同的板书内容。

3. 说课

说课是教师在备课的基础上于课前或课后向同行、专家或评委用口头语言说明教学设计及其理论依据，然后由听者进行评述的一种教学交流活动。说课主要包括说教材、说学生、说教学目标、说教法学法以及说教学过程等内容。

4. 教案

教案体现对教学内容的整体设计，是教学设计的最终成果之一。有时候说教案设计就是教学设计也有一定的道理。教案是课堂教学的预案，要充分反映教师内在的教学理念、对教学内容的把握程度等。好的教案是教师上好课的前提。

5. 媒体

在小学语文教学中，教学媒体手段具有传递教学信息功能，在学生的思维能力培养和语文综合素养提升方面发挥着重要的作用。教师进行媒体手段运用的设计，既要满足呈现教学内容和支持教学活动的需求，也要从学生角度考虑，将加工过的信息通过媒体手段呈现给学生。媒体手段的运用应符合小学生心理发展和认知特点，要符合语文课程对学习环境创设的要求。当然，教师不能无限制依赖现代媒体手段，尤其在语文教学过程中，为发挥学生的想象能力，有时候还需要对媒体手段的运用予以必要的限制。

第三节　基于核心素养的小学语文教学思维转向

核心素养是当前小学教学研究工作当中的主要问题，而学生核心素养的培育工作需要落实到具体的学科当中。2022年新版课标对课程核心素养的表述为：课程核心素养是学生通过课程学习逐步形成的正确价值观、必备品格和关键能力，是课程育人价值的集中体现。"小学语文作为基础性学科，需要彻底改变传统教学的主导现状，结合语文课程的要求和学生培养的要求来确定更加科学化的教学方案，深入推进教学思维的转变，对学生核心素养层面的教育工作做好实践指导。"从核心素养到学科核心素养的转变是课程改革的主要方向，而传统的以学科知识为逻辑结构的出发点会导致学科之间缺乏横向联系，学科的衔接紧密程度不足。小学语文教学思维的转向需要从学科自身的角度出发，一方面根据学科特点抓住教学关键环节；另一方面体现学科的性质和根本任务要求，高度总结学科价值体系，系统化地培养学生的语文学科核心素养。

一、核心素养下小学语文教学思维转向的要求

（一）重视语文的听说读写能力

听说读写能力是语文教学的基础组成部分，而小学阶段的学生在语言文字的学习过程当中需要正确地达到学习目标，形成一定的表达技巧和语言风格，在实际生活当中准确地用语文知识来表达出自己的想法。

（二）关注学生思维发展的要求

思维的发展和提升在知识转化为能力的过程当中非常重要，能够让学生把所学过的知识应用于实践当中。小学生在学习阶段从文本内部接触到语言文字并且掌握其应用规律，然后在和文本进行对话时激发想象思维和创造性思维，从而支撑长远发展，主动地参与到学习的进程当中，所以后续的教学环节也应发挥创造性，给学生提供一个能够自主学习的空间。教学方法的变革推动着核心素养的培育，在设计教学方法时也要考虑到核心素养对于学生的现实作用，将两者的融合落实到位，以促进小学生的全面发展。当今时代的教育不仅关系到知识的传授，更关注思维与创新能力的训练。

（三）提升学生的语文审美水平

小学语文的核心素养培育需要基于文本、人物和其他要素来提升学生的审美能力。无论是现代文还是文言文，都是文学发展进程当中的重要精神财富。对小学生而言，如何在学习的过程中感受文章的美感并且学会鉴赏美，是教师应该教授给学生的主要内容。例如，可以让学生在学习古诗的过程当中用吟诵的方式学会抑扬顿挫，学会感受诗歌的语言魅力，培养审美价值观，促进核心素养的形成。

（四）使学生具备传统文化意识

中华文化之所以能够拥有五千年的历史，原因在于文化的传承和发展。中华文化当中包含了人类文明和祖国的历史发展进程，同时增强了对于祖国文化的认同感。做好文化传承是语文教学的历史使命。文化的价值不仅仅停留在文字表面，还要深入挖掘文本内涵，

并且在教学方法上进行支撑。如果教师能够巧妙地设计教学方法并且感悟文章背后的深层次内涵，就能够正确地了解语文学习和文化传承之间的联系。现阶段的教材内容中选编了大量与中国传统文化相关的文本，以教学方法的应用为载体，能够培养学生的文化传承责任感和使命感。作为小学教师，也应尊重学生的主体地位，帮助学生在了解祖国文化的同时自觉地融入文化传承的发展当中，因势利导、循序渐进地开展文化实践工作，从文本当中深入文化内涵剖析语言魅力。

二、核心素养下小学语文教学思维转向的措施

（一）将知识教育转为能力教育

在小学语文课堂教学环节，传统教学方法虽然可以让学生在短时间内记住知识点，但很难让学生形成长时间记忆。因此，在后续的语文教学环节，教师应该深入分析当前的教材与教学目标，以锻炼学生的各方面能力为基本要求，锻炼表达能力、思维能力和语言应用能力等。教师可以利用图片或视频资料等不同元素为学生提供交互性的教学资源，对其中的重难点内容进行说明。

例如，在一些文言文的学习当中，教师可以先让学生尝试代入文章当中的角色，然后以语言积累的方式组织逻辑思维并配合写作训练。又如，在学习到《父与子》一课的过程当中，教师可以将与课文相关的图片展现在学生面前，然后了解每一幅图对应的是怎样的故事，之后将这些图上的内容相互连接，重新讲述这一故事，让课文有开头和结尾。诸如此类的口语交际过程能够让学生感受到如何理解语言文字，同时对学习内容形成自己的看法和观点，培养学科核心素养。要实现这一目标，需要充分体现出学生的主体性原则，并且根据学生的身心发展特征灵活地应用不同教学方法。小学生对周围的事物比较好奇，因此以正确引导的方式就能让小学生主动融入学习环节，发挥主观能动性。

（二）重视情感层面的素养教育

语文文本当中蕴含着丰富的美育文化，教师要通过灵活的教学方法来引导小学生品味文章当中的美感，尝试从作者的角度进行感悟，从而培养情操。教学方法的灵活设计要基于小学生的能力要求和实际审美，让他们掌握审美方法，净化心灵，学会感悟不同文章的趣味性和深层次美感。

例如，在学习到《荷花》这篇课文时，教师就可以将文章当中的关键词进行提炼，让学生分析这些字在文章当中的巧妙性，如"冒"字在文章当中表达了怎样的内容？学生在阅读并且思考之后就会得到结果，"冒"的应用一方面让人感受到了荷花的生长速度，同

时也能感受到荷花生长过程的特点。在这里，无论是使用"钻"还是"出"都无法体现出"冒"字的巧妙和语言凝练性。学生从这个字当中仿佛能够直接地在眼前出现一片荷花池的画面，在语言层面感悟文章的意境和描写风格，从而培养其理解能力和欣赏能力。作为教师，只有在唤醒学生心灵感受的基础之上，才能够激发小学生的情感意识，培养创造能力，深层次地了解文章的思想内涵。

（三）设计文化传承的教学活动

文化传承活动是针对当前的一些课文中的文化元素进行的探索过程，以实践教学的形式组织一些文化活动，以亲身体验感悟文化魅力。例如，在学习到"日月潭""葡萄沟""难忘的泼水节"等课文时，就可以引导学生思考中国的地理特征以及民族文化方面的内容，基于文化层面分析某些传统节日的由来，初步感受文化。诸如此类的内容充分地体现出了教学的主体性原则，让学生成为课堂主体，并且与传统文化保持更紧密联系，在接受传统教育的同时接受优秀内容的洗礼和熏陶。教师同样可以让学生以阅读和表达的方式自行地了解到文化方面的内容。

语文是一门工具性和实践性都非常突出的学科，小学生的听说读写能力培养除去知识积累外还要注重内容的应用，所以实践能力的培育工作也将成为后续的工作重点，让学习过程满足小学生的能力发展目标，从思维、创造、技巧方面提升学生的学科素养。而从文化的角度而言，也能实现学习内容的交叉，完成多层次的语文教学。

综上所述，核心素养培养不仅是语文教学的重难点，同时也是学生实现全方位发展的关键要素。在教学环节，教师需要以学生为主体，对教学内容进行整合并扮演好引导者的角色，用不同的方式激发学生的语文创造性和学习思维，为核心素养语境之下的教学思维转变奠定良好的基础，科学地帮助学生掌握关键知识，有效地提高学生的语文核心素养。

第二章 基于核心素养的小学语文教学体系设计

第一节 基于核心素养的小学语文教学目标设计

一、基于核心素养的小学语文教学目标设计特征

"小学语文的性质是交际性的基础工具，是认识世界、改造世界、进行交际和思维的工具。"学生在语文课中学习语言，进行听、说、读、写、书（写字）训练。在核心素养视域下，语文课不仅从思想方面发挥作用，更主要的是从表达方面发挥作用；不仅要理解课文的内容，更要学习课文的表达形式。语文教学的着眼点在表达形式方面，即其交际的手段和工具一面。根据小学语文课的性质，小学语文教学目标具有以下特征：

（一）语言性特征

语文学习的主要内容是祖国的汉语和汉文。小学语文教学的最主要目标是：掌握语言知识，发展语言能力。儿童在进入小学之前已学会初步的语言，尤其是口语已有相当水平，可以进行日常的表达和交流。但这种语言能力是不规范的，是一种"自在的语言"。小学语文教育目标就是在学生已有语言能力的基础上，通过系统的语文学习和训练，使学生较全面地掌握听、说、读、写、书的种种运用方式和理解方式，使学生的语言能力从"自在"的水平上升到"自觉"的水平。

（二）交际性特征

"交际"的含义指的是语言的理解和运用。语文能力的训练是一种社会交际能力的训练。按照信息论的观点，语文能力是借助语言文字吸收、加工、储存和输出信息的能力。在社会生活中，除了口头的信息交流外，还必须凭借广泛的书面语言交流，以克服时空限制，扩大交际效果。小学语文教学目标要联系学生的生活和社会交际，注重实用性，把着

眼点放在语言的形式方面，突出语文学科的交际工具的性质。

（三）综合性特征

语文能力是一个整体，是语言、知识智力、品德等因素的有机结合。语文教学目标与其他学科的教学目标相比，所包含的内容更为广泛。首先，小学语文教学目标的综合性表现在语文内部听、说、读、写各项能力的相互联系、相互促进，整体发展。其次，小学语文教学目标的综合性还表现在语文与其他因素有机联系、互相制约，均衡发展。小学语文教学目标的设计，必须处理好语文内部以及语文与其他外部因素之间的关系，建立纵有序列、横有联系的目标结构，结合提高学生的"一般能力"。根据以上特点，小学语文教学目标的主要内容是：①语文知识、技能目标（基础知识、基本技能）；②语文能力目标（听、说、读、写、书的能力）；③智力发展目标（注意力、记忆力、思维力、想象力、创造力等）；④情感及品德目标（道德、思想、政治等）；⑤非智力心理因素目标（习惯、审美能力、个性等）。

从总体来看，以前编制的小学语文教学目标范围过窄，多局限于知识的获得，其他方面考虑甚少。这样的教学目标不适应小学语文课的性质，不利于新时期对小学生语文学习的要求。当然，这并不意味着小学语文教学目标的内容越多越好，而应根据不同条件有所侧重，在"全面"中求"个性"。

二、基于核心素养的小学语文教学目标设计原则

在核心素养视域下，小学语文教学目标设计的总体要求是既要符合小学语文教学的性质、目的、任务，又要系统反映小学语文的知识体系和目标体系，还要尽可能具体化，使其具有可行性和可测性。设计小学语文教学目标应遵循以下原则：

（一）教育性原则

小学语文教学是小学教育的重要组成部分，它的教学目标必须体现小学教育的总体目的，促使学生在德、智、体、美几方面都得到发展。"文以载道"，小学语文教学目标要注意德、智、体、美诸方面教育的落实，使语文教学成为实现学生全面发展的重要教育途径。当然，这并不意味着把教育性内容简单地搬到小学语文教学目标中，而应从小学语文教学的特点出发，充分发挥小学语文知识本身的教育性。例如，对语文内容的讲解，不能就事论事，而应就事论理，在《我是什么》一课的教学目标不仅要使学生了解水的"三态"，还要使学生初步形成"事物在一定条件下发生变化"的观念，这就为学生正确认识世界奠定科学的思想基础。

（二）可行性原则

编制小学语文教学目标要考虑教学实际，保证目标切实可行。好的目标体系应该既能体现语文教材的实际，力求反映语文教学大纲的要求，又能注意到学生原有的语文基础和发展水平。如果目标定得过高，学生不易接受，就会造成消化不良。目标定得过低，又不能激发学生的学习欲望。语文教学目标中哪些知识应该掌握、掌握到何种程度，要反复权衡。

（三）系统性原则

编制小学语文教学目标，受到目标分类系统和语文知识系统的双重制约，好的教学目标是一个完整的二维结构体系。教学目标在教材中的呈现是阶段性和累积性的。不同的教学阶段，教学目标的侧重点是不一样的：课始，侧重于感知；课中，侧重于理解；课末，侧重于巩固。同一教学内容在不同阶段出现，其能力水平的要求和目的是不同的：课始的朗读，要求读准字音；课中的朗读，旨在读中理解；课末的朗读，为的是培养语感。编制小学语文教学目标，要从整个目标系统出发，体现阶段性和整体性的统一。一篇课文的教学目标是一个完整的系统，可以分解为相互之间有机联系的若干子目标，这些子目标既可向更高层次的目标结合，又可向更低层次的目标推演，从而形成上下贯通、前后衔接的目标网络。

（四）可测性原则

编制小学语文教学目标要做到具体化，目标中的知识点和能力水平都要有明确而具体的规定，避免产生歧义，并能通过某种测量手段验证目标的达成度。当然，由于目前测量手段的局限，小学语文教学中有些内容很重要，但不具有可测性，却又是教学目标之一。例如，许多课文包含着创造的因素，可以直接用来训练学生的创造力：寓言和童话带有深刻的哲理，而且思维比较独特，有利于培养思维的新颖性、独特性；文艺性作品，适用于培养创造性想象。《草船借箭》凸显了诸葛亮思维的创造性，《小交通员》描绘了欧阳立安思维的变通性，《跳水》赞扬了老船长思维的独特性，《司马光》包含典型的逆向思维，《壶盖为什么会动》则全面介绍了创造发明的整个过程。这些包含着创造性思维训练的因素，应作为小学语文教学目标之一。

三、基于核心素养的小学语文教学目标设计程序

小学语文教学目标的编制是一个复杂的系统，一般分以下三个程序：

（一）厘清语文的知识体系

制定小学语文教学目标的第一步，就是分析理解教材所包含的知识体系，把语文知识具体化、序列化。这一过程主要包括：①确定小学语文的知识结构；②划分知识单元；③整理知识点；④明确知识要素。

（二）明确知识点的学习水平

在小学语文知识结构确定后，就要决定每一个知识点的学习起点和学习水平。一般分两步进行：第一步，确定小学语文采用的目标分类体系。到目前为止，小学语文的教学目标分类大多数以布鲁姆的认知目标分类学为理论框架，或稍加改变，把原来的八级水平变成五级或四级，如把六级水平合并为四级水平：识记、理解、简单应用、综合应用。这里的"简单应用"相当于原来的"应用"；"综合应用"包括分析、综合、评价三个层次。第二步，明确每个知识点的学习水平。这需要参照小学语文课程标准对知识深度、广度的要求以及小学语文教材对知识的处理，形成每个知识点的学习水平。

（三）确定教学目标的表述

目标的表述，是指把小学语文教学目标分类框架和小学语文知识内容综合起来的一种陈述。通常有两种表述方式：第一，双向细目式。在这种表达方式中，一维以知识点为序展开，另一维是目标分类学中的学习水平级别，每一个知识点定出相应的学习水平，形成一个教学目标表格。第二，条目式。把每个知识点和内容结合起来，用一个行为动词组成的句子表述教学目标。这两种教学目标的表述方式各有优缺点。前者有助于教师形象地掌握应教的知识内容和各知识点在学习水平上的差异，有利于突出教学重点，突破教学难点。后者容易被教师理解，但是，如果条目过多，就会给人以零乱和冗长的感觉，缺乏整体性。

四、基于核心素养的小学语文教学目标设计的落实

（一）教学目标与课程目标相对应

课程目标主要包括知识与技能、过程与方法、情感态度价值观三个维度的内容，而这三个维度的内容落实到教学层面，其具体要求是不同的，不同学科的教学目标也是不同的。例如，语文教学目标或数学教学目标，是由课程目标所蕴含的知识与技能、过程与方法、情感态度与价值观三个维度整合而成的"语文学科素养"或"数学学科素养"，落实

到具体的语文教学或数学教学中时，与其相对应的语文或数学教学目标主要包括由学会、会学、乐学整合而成的学生的"语文学习素养"或"数学学习素养"。具体而言，语文教学目标的设计应包括以下内容：

第一，学会：习惯、积累和了解。阅读习惯的培养，如诵读、查工具书、圈点勾画、看注释、做笔记、看"说明"和"目录"、阅读姿势等。积累，如积累字词、积累语文常识、积累篇章等。了解是对知识而言的，主要是了解表达方式、文学样式、语法知识等，通过训练加深理解，熟能生巧。

第二，会学：体验、感悟和揣摩。体验要求学生要有原始阅读的感受。感悟是建立在阅读体验之上的一种心理过程。揣摩就是反复思考推求，揣摩的内容有字词的精妙、句子的隐含意义、深刻含蓄的题旨、独具匠心的表现手法，揣摩是从体验走向感悟的必然过程。

第三，乐学：评价、鉴赏和探究。评价要求学生对阅读的内容进行优劣是非的判断，是阅读能力和判断能力的结合。鉴赏，就是对书面文字所提供的信息能够产生想象，留下无限的思维时空。探究，要求学生充分利用课本，发现问题，提出问题，自行探讨，寻求结论，学语文爱语文。

（二）明确教学目标中的基本要素

一般情况下，一个完整的教学目标由四个基本要素构成：行为主体、行为动词、行为条件、表现程度。例如，学生能够不看教材准确无误地复述课文内容，行为主体是"学生"，行为动词是"复述"，行为条件是"不看教材"，表现程度是"准确无误"。再如，学生默读现代文每分钟不少于 400 字，行为主体是"学生"，行为动词是"默读"，行为条件是"现代文"，表现程度是"每分钟不少于 400 字"。当然，有时为了简练，在不会引起误解或歧义的前提下，省略行为主体或行为条件，如"在有感情地朗读中体会自然之美"，便省略了行为主体，"了解侧面描写的作用"，便省略了行为主体和行为条件。明确基本要素，能够使教师对教学目标有更清晰的把握，从而科学合理地设计教学过程，减少教学的盲目性、随意性。

（三）确定学生为教学的行为主体

以学生为中心，是新课改的基本理念之一。在表述教学目标时，必须从学生的"学"这一角度出发，而不能从教师的"教"出发。因为，教学活动是否成功，不是要看教师教得怎样，而是要看学生学得怎样。因此，表述教学目标时必须从学生的角度出发，行为主体必须是学生。尽管有时作为行为主体的学生在表述中没有出现，但也必须是隐含着的。

（四）选择恰当的教学表述方式

一般情况下，教学目标基本的表述方式有两类：结果性目标表述方式；体验性或表现性目标表述方式。有些目标具体明确，对学生的表现程度能够准确评价或测量，就应当使用结果性目标表述方式。有些目标比较模糊，对学生的表现程度很难进行准确评价或测量，就应当使用体验性或表现性目标表述方式。一般而言，"知识和能力"维度应尽量使用结果性目标表述方式，行为动词要明确，可测量、可评价，如使用"背诵""辨认""举例""概括""区别"等动词。"过程和方法""感情态度和价值观"方面的目标大多要使用体验性或表现性目标表述方式，行为动词往往是体验性的、过程性的，如"感受""体验""养成""树立""尝试"等动词。

（五）正确处理三维目标间的关系

三维目标是一个有机的整体，应从系统的、整体的角度来理解，而不能割裂开来。三维目标之间不是并列关系，它们是一体"三维"的，其中的任何一维都与其他两维有关系。在基础教育的所有学科中，"知识和能力"是教学目标的核心，是显性因素，是其他两维目标达成的载体。"过程和方法"有较多的隐性特点，不是独立存在的，它体现在其他两维目标的达成之中。情感态度和价值观是隐性的，但其形式又是外显的，正确的积极的情感态度和价值观能够进一步促进学生其他两维目标的达成。所以，三者是一个有机的整体，彼此联系，互相渗透，互相影响。因此，在表述教学目标时，应正确处理三维目标之间的关系，必须以本学科的"知识和能力"为核心，突出本学科特有的课程价值。

（六）删繁就简且突出教学重点

从理论上讲，每节课都应体现三维目标的理念，但是要在一节课的学习中同时落实三维目标，则近乎苛求。就语文教学而言，学习的重点是语文知识和能力，因为语文知识和能力是最基础的，是最重要的，或者说是语文课程存在的前提，这是语文教学的出发点，也是落脚点。因此，在设计目标时应重点突出语文知识和能力，切忌繁杂。目标过多，不仅使教学不堪重负，而且会相应地弱化核心目标。一节课的学习目标围绕知识和能力，设计2~3项就可以了。课程目标是三维的，但在表述时没有必要先分为三大方面（三维），每方面又分为若干条。这样做，看似条分缕析，实则教条呆板。合理的做法应是把过程和方法、情感态度和价值观目标恰当地融入知识和能力目标之中。

第二节　基于核心素养的小学语文教学重难点设计

一、基于核心素养的小学语文教学重难点设计依据

教师在进行教学设计时一定要注意设计好教学的重点和难点，教学重难点的设计有助于教师在教学过程设计、教学方法设计、教学评价设计以及实施教学设计过程中更好地突出重点和难点。小学语文教学重难点要依据一定的标准或在一定的前置性分析基础上进行设计。

（一）依据语文课程标准进行设计

语文课程的基本理念是全面提高学生的语文素养，正确把握语文教育的特点，积极倡导自主、合作、探究的学习方式，努力建设开放而有活力的语文课程。课程目标从知识与能力、过程与方法、情感态度与价值观三个方面设计。三者相互渗透，融为一体。目标的设计着眼于语文素养的整体提高。课程目标部分具体讲了教学中应该达到的最基本的目标，这些具体目标就是我们教学的重难点。这部分分为"总体目标"和"学段目标"。学段目标更具体地告诉我们教学中应该达到的目标。把握好这些"目标"，就能从宏观和中观上把握住小学语文教学的重点和难点。

（二）依据语文教材分析进行设计

义务教育课程标准只是我们分析小学语文教学重点和难点的宏观和中观依据，只是指引我们分析教学重点和难点的大致方向，针对具体教材而言，教学的重点和难点又各有具体性，需要依据前置的教材分析设计教学的重点和难点。

（三）依据语文学情分析进行设计

在小学语文教学过程中，教师除了依据前面提到的课程标准、教材分析等确定教学重点和难点外，学情分析也是确定教学重点和难点的另一重要依据。教师要根据班级的具体情况确定相应的教学重难点，要考虑学生的知识、能力和素质基础，综合考虑学生的已知、未知、应知和能知的情况，科学确定教学重难点。如低学段的教学重难点和高学段的不同，语文整体水平高的班级和水平较差的班级的教学重难点有区别，不同区域学生教学的重难点也有差异。

（四）依据语文教学目标进行设计

此处所言"教学目标"指微观层次上的教学目标，即具体教学内容（章节、课文）的教学目标。一节课的教学目标其实就体现了该节课的重点和难点，但不是所有的教学目标都是重点和难点。

（五）依据语文教学内容进行设计

一节课可以教的内容很多，不同的教师对教学内容的设计不尽相同。例如一篇课文可教的内容就包括作者生平、写作背景、识字写字、课文主要内容、人物思想、写作表达方法等，但有限的教学时间内不可能面面俱到，因此教学内容的设计是教师在分析教材的基础上必须做好的基本工作。根据教师设计的教学内容，自然就会体现不同的教学重点和难点。例如，有的课文以学习写作表达手法为主要内容，那对应的，这种写作表达手法就可能是本节课的重点或难点，而作者的生平或写作背景就不大可能是重点或难点。

二、基于核心素养的小学语文教学重难点设计突破

在分析教材、教学内容和学情的基础上，确定了教学重难点之后，还需要在教学中突破重难点。小学语文教学重难点的突破一般有两种途径：一是方法上的突破；二是工具上的突破。

（一）方法上的突破

突破小学语文教学重难点的方法是广义上的方法，并不单指语文教学方法，还包括一切教学方法之外不违背科学或生活常识的其他方法。

运用教学方法突破教学重难点最常见的例子是情境教学法的运用。例如，在《地震中的父与子》一文中，为了感悟父亲的了不起和父爱之伟大，教师引导学生抓住关键句"他挖了8小时，12小时，24小时，36小时，没人再来阻挡他"来启发学生想象当时情景，在这罗列出来的漫长的时间中，父亲都做了些什么，可能碰到什么困难，他的想法是怎样……学生只有充分地感受到时间之漫长、过程之艰辛、境况之危险、父亲之执着，才能真正从这几个简单的数字中读出那震撼人心的如山父爱，也才能领悟作者罗列数字的深意。

除了情景教学法常用来突破教学重难点之外，其他各种教学法也都有可能运用在不同的场合突破不同的教学重难点。教学方法的功能本来就包括用来突破教学重难点，因此研究不同教学方法的特点和功能，有利于教师运用教学方法实现突破教学重难点的目的。

(二) 工具上的突破

1. 利用传统直观的工具突破教学重难点

小学生尤其是低年级学生，正处于从具体的形象思维向抽象的逻辑思维过渡的发挥发展时期，他们容易接受具体形象的事物。传统的教学工具或手段基本属于直观的工具或手段，运用这些直观的工具或手段，能较好地将学生的具体形象的思维与抽象思维关联起来，较好地达到突破教学重难点的目的。例如，《比尾巴》一课的教学重难点是理解句意，理解课文内容，知道六种小动物尾巴的特点。对这篇课文的重难点的突破，教师可以在教学过程中用直观教具突破的方式，用彩色的卡纸做出六种小动物的模型来，而后结合新课导入与问题设计、板书设计，将六种小动物的模型贴到黑板上，让学生仔细观察小动物的尾巴，并结合动物模型训练学生的口语表达能力。低年级的孩子抽象思维能力差，直观醒目的教具不仅能刺激学生的视觉，而且还能满足孩子的好奇心与求知欲，激发孩子的学习兴趣，使他们较快掌握文章内容，进而起到突破重难点的作用。

2. 利用多媒体教学工具突破教学重难点

信息技术发展到今天，多媒体辅助教学已经越来越普遍，多媒体工具和手段的运用日益显示出其提高课堂教学效果的优势。多媒体工具和手段在提高小学语文课堂教学效果方面的一个突出表现就是它能在很多方面轻松突破教学重难点。

当传统的挂图、表格等机械型工具在突破教学重难点方面表现得无能为力或效果不明显时，多媒体教学工具和手段的技术优势就充分显示出来了。例如，在教学"飞"字时，教师使用 FLASH 动画展示一只在天上展翅高飞的鸟儿，鸟儿飞着飞着它的身体就慢慢变成了"飞"字的形状。随后动画突出鸟儿的一双翅膀不停地扇动，慢慢地这对翅膀又变成了"飞"字的第二笔和第三笔。学生很快就记住了这个字，更重要的是对第二笔和第三笔的"由来"也有了深刻的印象。

充分发挥多媒体手段的优势，是现今小学语文教师突破课堂教学重难点的必然选择，这也要求小学语文教师要认真学习并掌握一定的多媒体辅助教学技术。当然，任何一种方法或任何一种工具都只能在一定的范围或领域中对突破某项教学重难点有明显的效果，但却没有任何一种方法或手段在突破小学语文课堂教学重难点时是通用且高效的。教师必须根据实际情况，尤其是依据学情和技术条件，有针对性地选择可用的、能用的、合适的方法或手段去突破教学重难点。

第三节 基于核心素养的小学语文教学过程设计

小学语文教学过程是小学语文教学活动的展开过程，该过程要遵循学生认知规律和学习心理，体现一定的教学顺序。换言之，小学语文教学过程是指一节语文课要安排哪些环节，按何种节奏、方式或模式组织这些环节。小学语文教学过程是在教材分析、学情分析、重难点分析、教学方法设计等基础上将这些教学设计的要素组合融入的一个过程。教学设计的其他要素都要通过教学过程才可以实现各项设计的目的。离开教学过程，小学语文教学设计的所有内容均只能停留在思想层面。

核心素养理念下的小学语文课堂教学过程应该是师生互动、生生互动的过程，是教师调动学生发挥学习主动性去主动探究和学习的过程。教学过程应该是一个动态生成过程，在教学中让学生有新的发现和新的观点。所以教学过程不能一成不变，而应该保持一定的弹性和灵活性。

一、基于核心素养的小学语文教学过程优化

（一）个体差异是教学过程设计的出发点

学生是有差异的学习个体，尽管他们有许多相同的地方，但在学习兴趣、学习能力和学习方法上还是有差异的，而教学设计是从总体上对教学过程的安排，在教学过程中必须充分考虑到学生差异，真正做到面向全体学生。单一的死板的教学设计导致一堂课结束之后，学生根本不清楚这堂课的学习目标和学习任务，更不要说将个体差异扬长避短，使每个个体得到最优发展。

在课堂教学中，由于教学进度紧张，课堂上没有足够的时间为学生提供独立活动的舞台，让每一个学生都有参与活动的机会，因此就很难充分发挥学生的主观能动性，使之更好地汲取知识、信息并运用知识进行创造。在教学设计中，必须体现学生学习主动性的发挥，对教学问题的理解和学习，要留有余地，让学生有主动探究与学习的空间。

（二）教学过程与学生的社会生活相联系

新课标要求教学加强与生活、社会的联系，关注语言运用所带来的社会问题，培养学生社会参与意识和对社会负责任的态度。因此，教师在上课时，应充分考虑学生所熟悉的社会实际情况及风俗习惯等，敏锐把握"社会热点"，抛砖引玉，创设"问题"框架，引

导学生进行探究。这样才可以使学生认识到文本的现实意义，使学生学有所得、学有所用，触发学生的情感和求知欲，提升学生课堂内外的学习兴趣。

（三）语文教学过程设计要有情感的渗透

语文教学目标是多维的，有知识目标和能力目标，也有情感教育目标。在教学过程中要重视情感目标的设计和完成过程。要利用现代化教学技术，营造情感氛围，消除情感障碍。利用教学情景对学生进行情感渗透。在教学中，让学生感受到老师对他的爱，激发健康情感，对自身能力充满自信，从而产生积极学习的动机。让学生在学习语文知识的同时，根据教学内容体会和感悟教学情感，引导学生树立正确的人生观和价值观。

小学语文教材具有很强的生活性和教育性，在教学中应引导学生联系社会实际学习课文，利用学生身边的生活资源理解教学内容，深化认识。小学语文课堂教学过程应该是丰富多彩的互动课堂，精心设计课堂教学准备，设计好课堂教学过程，设计好课堂教学作业和辅导，提高教学效果。

二、基于核心素养的小学语文教学过程实施

小学语文教学过程设计之初并不能将所有的可能都悉数考虑进去，教师在实施教学过程时，要在教学过程设计的基础上，有必要也有可能根据实际情况及时调整教学过程设计。

（一）新课导入

第一，新课导入要求适度、规范。新课导入从时间和节奏上要适度，不能混淆了教学过程环节的主次，方法与手段适当，能达到目的即可。新课导入要严格注意遵守基本规范，即不能偏离教学目标和教学内容。新课导入环节本来就是为完成教学目标而服务的，必须与课堂教学内容紧密关联。

第二，新课导入要求灵活、机动。导入方式再好，若没变化地运用，其教育成果可想而知。依教材特征、学生已学知识及其心理特性，运用各种导入法方可令学生抱有好奇心，时刻保持着乐于学习的状态。

第三，新课导入要求精简、概括。导语作为教学开头，无法取代课文内容。设计时所用语言及方式须精准，从现实出发，以教学内容为主，尽量精简设计，还须将时间控制在两三分钟内。

第四，新课导入要求巧妙、有趣。兴趣能调动人们对某事物或活动认识的积极性，促进学生内在学习，激发其渴求知识的欲望。所以设计导语须高度提炼，虽仅有几句也须做

到言之有趣，并将趣味性同知识性相融合。由此能激发学生浓厚的学习欲，全面理解所学内容。

（二）新课讲授

在认真分析教学目标、教材内容、重难点以及学情的基础上设计好新课讲授环节后，新课讲授环节就应当按照预先的设计逐步实施教学，根据课堂教学进程和实际情况，适时调整教学方法、教学流程和时间安排等。新课讲授方面涉及识字、写字与汉语拼音教学、阅读教学、写作教学、口语交际教学、综合性学习等，具体要求在本书其他章节进行了详细探讨。

（三）巩固总结

第一，紧扣教学目标，抓住核心问题。整堂课就紧紧围绕着几个问题，做课堂总结时，全方位解答这几个问题，前后呼应。例如，《争论的故事》这篇课文有几个需重点把握的词语，如"不以为然、争论不休、两全其美"等。以教学"争论不休"为例，教师通过学生角色扮演的形式，把学生自然而然引入争论的情境，水到渠成地完成了"争论不休"整个词语意思的把握。紧接着出现"休"字义项的选择，学生轻松掌握。在教学"两全其美"时，教师通过联系上下文的方法"对于老人的建议，兄弟俩满意吗？"引出对"两全其美"的理解，不露痕迹，顺其自然。读课文质疑：那么，谁与谁争论，为什么争论，怎么争论的，争论的结果怎么样？这个故事说明了什么？带着这些问题读书，讨论。要下课时，结合板书，让学生将原先的问题一一进行回忆、作答，突出主题内涵。

第二，采用多样化的方式进行巩固总结。根据不同的文体与教学内容，教师可采取不同的巩固总结方式，以此激发学生的学习兴趣。例如，可以运用图表、口诀的方式巩固总结，这种方式条理清晰、简单明了，便于学生记忆、复习。也可以创设情境进行巩固总结。创设情境在小学语文教学过程中的任何环节都可以使用。还可以联系实际巩固总结，通过抒发情感，深化课堂教学效果。

第三，巩固与总结紧密结合。在巩固中总结，在总结中巩固，是小学语文教学过程中必须牢牢把握的一个基本点。单纯的巩固等于简单的重复，单纯的总结实际上是突然的转折，巩固与总结必须紧密结合，这也是本书将巩固与总结合并在一起作为一个统一环节的原因之所在。

第四，巩固总结与回顾整体结合。课结束以后，教师可以通过小结与学生一起回顾所学知识，加强学生的记忆，巩固新知识。小结时，也可以利用板书，让学生归纳有哪些知识点，哪些是重点、难点。可以提高学生的口语表达能力以及概括归纳能力，并使有关的教学内容系统连贯，相对完整。学生对于相对完整的知识容易理解，也就容易掌握。

第五，以悟促读，品味语言美。在《槐乡五月》这篇课文的教学中，教师设计了几处对语言文字的推敲。如读到"她们飘到哪里，哪里就会有一阵清香"时，追问学生，此时怎么不用"走"，而用"飘"，引导学生结合上下文体会，小姑娘走路时非常轻快，由此可见，她们的内心是十分快活的。一个"飘"字中蕴藏着槐乡孩子的"乐"，这是何等精妙！教师设疑，激发学生探究的热情，让学生感悟、品味、体会文章遣词造句的精妙，从而总结了全文。

第六，与情感提升相结合。在课堂总结时，可以再次让学生有感情地朗读全文，边读边注意小作者的感情变化。如《雪儿》是一篇文质兼美的文章。课文讲述了"我"为受伤的雪儿疗伤并精心照料它，直到它飞上蓝天的故事，表现了"我"爱鸟的美好心灵，也流露了"我"对自由生活的热爱与向往，人与自然的和谐。学生在朗读课文的时候，感受小作者以雪儿的快乐而快乐，以雪儿的幸福而幸福的情感展开。教学中教师可以引导学生围绕三个问题，以小组合作的形式展开自主探究学习：雪儿是只怎样的鸽子？"我"对雪儿有着怎样的感情？引导学生抓住"不怕任何艰难险阻""飞越千山万水""蓝天信使"等词句体会雪儿内在的美。"展开双翅飞起来了""又飞回来阳台，转着圈儿咕咕直叫""望望我，似乎在向我祝福"等词句，感悟雪儿是只向往蓝天又极通人性的鸽子。在有所悟的基础上，引导学生感情朗读，让学生通过声情并茂的朗读，使自己的情感与作者的情感产生共鸣，进而达到融为一体的境地。总而言之，让学生质疑问难，结合板书，回归整体，以悟促读，品味语言美的意境，抓住情感主线，深化主题思想。学生不仅掌握了书本上的知识，而且拓展了知识面，使学生在学中用，用中学。这也是我们每一位语文老师对教学有效性的终极追问和思考。

第七，巩固总结的时机。巩固总结环节并非只是固定在某个时段，例如固定在新课讲授之后或作业布置之前，而是需要根据课堂进展情况灵活地予以安排。新课讲授过程中，部分内容学习之后，及时予以巩固或总结是有必要的，不必等到所有内容学完后一次性地进行巩固总结。至于巩固总结到底要出现多少次以及出现在什么时机，是分开进行还是结合进行，则需要授课教师根据学习的内容和学生学习的情况灵活把握。

（四）作业布置

第一，要重质减量。语文作业要归类分析，按功能划分。例如，把注音本、田字本、大横格三项作业合成一项，这三项作业基本上都是对字词句的认知训练，大都集中在大横格上，字词每个两遍，要求背诵的课文抄一遍。

第二，要多布置自主性作业。布置自主性作业就是把课后作业的布置权下放给学生。

首先教师向学生提出一次作业需要达成的学习目标，它是学生自我布置作业的方向。接下来是学生根据教师提出的作业要求自主地设计作业的内容、形式和完成方式。根据不同课文的要求，教师可以寻找一个最佳切入点，既让学生自编作业题，又注重激发他们的创造性，把作业的"老面孔"演化为多种多样富有创意的作业活动。如教授《富饶的西沙群岛》时，教师向学生展示一些四字成语和一种新的写法——总分段式。由此，教师布置了这样的作业：自己设计作业题，检验自己对课文中四字成语和总分段式写作方法的掌握情况，设计好的作业题要自己独立完成。学生根据这两方面要求分别设计了自己的个性化作业。设计作业本身具有一定的挑战性，这就要求设计者对这两部分知识掌握好，不然就没有办法完成作业。因此，也就使学生学习的自主性和积极性在这样的作业活动中得到了充分的体现，又因为有共同要求的约束，最终达到殊途同归的效果。

第三，作业视角和广度要生活化。丰富多彩的生活就是语文的活水，生活有多广阔，语文的世界就有多宽广，如果语文教师仅把语文作业局限在书本的范围里，那么其培养出来的学生视野不会开阔，思维也是单一的。在教学中，可以利用生活中的很多资源与信息去引导学生观察思考，培养其形成"大语文观"。例如，中国的节日很多，每个节日都蕴含着一定的文化，利用节日资源对学生进行熏陶教育，这也是一种精神上的习得教育。如"元宵节"时，鼓励学生仔细观察南京夫子庙人山人海的热闹景象，买一个自己喜欢的花灯，亲手跟父母学做元宵，感受中国人的"团团圆圆"；"学雷锋日"，组织学生义务劳动，体会助人为乐的意义；"春节"，让学生查查各地过春节的风俗习惯与春联，感受祖国节日的文化内涵等。

作业能否发挥它的作用，除了是否恰到好处地结合课文内容设计一些练习以外，还取决于学生是否认真地完成教师布置的作业。学生课堂上完成的作业很显然比家里完成的作业效果要好，原因是学生在家，很多时候是应付式地去完成，而在课堂上往往能比较认真地去完成。如果时间允许，教师可多将一些课外的作业放到课内来完成，以此来提高作业的效果。

第四节　基于核心素养的小学语文教学方法设计

一、基于核心素养的小学语文教学方法设计依据

（一）依据教学目标

教学目标是教学方法设计的第一依据。针对识记、了解层面的目标，可以设计讲授

法、演示法；针对理解、领会层面的目标，可以设计谈话法、讨论法、读书指导法等；针对应用层面的目标，可以设计练习法等。教学目标有单一目标和综合目标，针对综合目标设计的教学方法可能也是综合的，针对单一教学目标设计的方法可以单一，也可以是综合多样的。

（二）依据教学内容

不同的教学内容需要设计不同的教学方法，如拼音，尤其是拼读音节教学中，应该大量使用练习法，诗歌与散文适合设计情境教学法，而小说（故事）则适合设计读书指导法或讨论法等。

（三）依据学情分析

学情主要是指学生的年龄特点与个性差异。例如，角色扮演法对低年级学生来说是很适合也很受欢迎的方法，但发现法和讨论法在低年级的使用效果就比高年级要差。低年级适合设计活动形式和游戏形式的方法。又如，有的学生通过读书指导法自己探索获得的知识可能难以留下深刻的印象，但结合教师的讲授（归纳、总结），则更容易留下深刻的印象。对这类学生，教师就要结合使用讲授法。学情影响教学方法的设计，因此教师要清楚所授班级学生的个性与特点，并充分考虑这些因素，有针对性地在不同的环节或者同一环节针对不同的学生设计不同的教学方法。

（四）依据教学组织

班级人数少的时候使用发现法一般会有很好的效果，但班级人数多的情况下，发现法的使用就会遇到较大的困难。

（五）依据教师个人

同样的教学内容，不同的教师会设计不同的教学方法，教学方法设计也能体现教师个人的素质和教学风格。教学方法设计需要教师结合自己的能力与素质，还要考虑自己的教学风格。有的教师多媒体运用技术水平高，他就可以较多地设计使用多媒体手段的教学方法；朗诵能力强的教师，可以适量多设计示范（演示）的方法。有的教师擅长辩论或擅长组织讨论，讨论法的设计就能很好地体现其特点与风格。小学语文教学方法设计过程中要注意其他教师设计使用的方法并不一定也能适合自己，教学方法要依据教师个人的能力素质与教学风格设计。

（六）依据教学条件

教学条件是客观的，设计教学方法不能超越教学条件，例如，受设备条件的限制，实验法有时候就无法使用，没有多媒体设备，就不能设计运用多媒体手段的教学方法。再如，受教学时间的限制，过多设计发现法或讨论法可能就难以完成教学任务。

二、基于核心素养的小学语文教学方法设计规则

随着教育教学研究和实践的推进，教学方法体系越来越完善，教学方法越来越多，在名称不一且种类繁多的教学方法中选择适宜自己所授课程的教学方法并不是件容易的事情。现实中，很多教师在教学方法的选用上较为随意，大多为应付教学设计或教案构成部分之需要，任意选择若干个教学方法，最终的结果是，实际教学过程中并未真正运用这些方法，或者选用的那些教学方法根本就没有在教学中体现出来。选择教学方法不可随意，需要遵循一定的基本规则。

教学方法可以按不同的标准进行不同的分类，教学设计过程中，一般需要坚持在同一分类标准下选择该分类中的具体教学方法，以避免出现名称不同但实际方法相同的结果。以教学目标为标准分类项下的教学方法是目前运用较多的教学方法，我们以这种分类为例，说明如何选用教学方法。

选用按教学目标为标准分类项下的教学方法，关键是先确定教学目标，确定教学目标后才可以选择教学方法。语文课教学目标大体上有单一目标和综合目标两种情况，就单一目标而言，可以选择该单一目标项下可用的教学方法。例如在某些课时中，基本任务和目标是对学生进行情感熏陶，这类课主要以树立理想、涵养情操、形成品德和健全人格为教学目标，可以选用的教学方法包括情境教学法、欣赏教学法、暗示教学法等。

就综合目标而言，如识字写字教学，一般就具有以获取知识、丰富经验、发展智力和启迪思维为教学目标和以获得技能、生成技巧、养成习惯和熟练操作为教学目标等多重目标，对应各目标，可选择的教学方法包括讲授法、谈话法、讨论法、读书指导法、发现法、练习法、实习作业法、实验法、演示法、参观法等。综合目标下，可选用的教学方法就比较多，也很灵活。但目标综合并非表示选用的教学方法越多越好，教学方法要典型、要实用。

单一目标与综合目标并非绝对的，实际上按照素质教育的要求，所有课堂教学的目标都不应该是单一的，本书做如此说明，仅是为了表述方便，也为便于理解而已。

三、基于核心素养的小学语文教学方法设计内容

（一）讲授法

讲授法是教师通过口头语言向学生系统地传授科学文化知识的方法，讲授法是学校教学中常用的方法之一。学生主要是间接学习前人的知识经验，讲授法可以使学生在很短的时间内获得大量的、系统连贯的知识，有利于教师对学生进行思想品德教育，同时还可以发挥教师的主导作用。讲授法是小学语文教师常用的教学方法，但并不是使用最多的教学方法，一方面，小学生在字词句的掌握、文章内涵理解上需要教师的讲授；另一方面由于小学生发展过程中的特点，他们不能够在较长的时间内保持注意力的集中，所以又需要教师采用灵活多样的教学方法吸引学生的注意力。教师可以根据学生自身的特点，合理安排讲授时间，使讲授内容能被学生更好地掌握。

（二）讨论法

讨论法是在教师指导下，由全班或小组围绕某问题，通过相互交流各自的看法，相互启发相互学习的一种教学方法。讨论法使学生有机会直接参与学习，在活动中每一个学生都可以表达自己的看法，其他同学可以从发言中获得启示，加深对事物的理解，帮助学生灵活运用所学知识，提高学生分析问题和解决问题的能力。讨论法要求学生具有一定的知识基础，因此讨论法在高年级使用得比较多。讨论法使用的条件是：第一，在许多课题中有一些问题并不只有一个答案；第二，虽有标准答案，但答案不是唯一的；第三，当情感性目标或社会性目标显得特别重要时。

（三）问答法

问答法是教师根据学生已有的知识或经验，提问学生，并引导学生经过思考，对所提问题自己得出结论，从而获得知识、发展智力的教学方法。问答是教师和学生之间双向的信息交流，教师经常使用该方法。在课堂上提问，要求学生回答，不一定是合理地使用了问答法。如教师问"哪位同学把昨天课文的中心思想复述一下？"当教师所提问题有固定的答案时，这只是考查了学生的记忆力。只有当教师提出的问题没有现成的答案，需要学生通过思考进行归纳总结，才可以称之为合理地使用了问答法。

（四）演示法

演示法是教师展示各种模型、实物、图片或进行示范，使学生获得关于事物的感性认

识的方法。实际教学中，演示法在物理、化学和生物课上使用频繁。在小学语文课上，由于学生的感性经验少、想象力贫乏，因此教师为了促进学生对课文的掌握，经常采用此教学方法。

（五）参观法

教师根据教学目的的要求，组织学生对社会生产生活中的实际事物进行观察、研究，从而获得新知识或巩固验证已学知识的一种教学方法。这种教学方法能够增强学生的感性认识，更好地掌握教学内容。但是这种教学方法往往受制于教学时间，在实际教学中运用较少。

（六）练习法

练习法是学生在教师指导下，将知识运用于实际，以巩固知识，培养技能、技巧的一种教学方法。小学语文教学中教师要指导学生正确地理解和运用祖国语言，丰富语言的积累，使他们具有初步的听说读写能力，养成良好的语文学习习惯。语文素养的养成是一个缓慢的渐进的过程，需要学生做大量的字、词、句、文的练习，所以教师经常运用此方法。

（七）实验法

实验法是在教师指导下，利用一定仪器设备，在一定条件下引起某些事物或现象的发生和变化，使学生在观察、研究、独立操作中获取知识，形成技能技巧的方法。此方法的优点是能够让学生参与事物的发生，增强感性认识，培养学生的操作能力。但与参观法相同的是也会受到课时的限制，使用该方法的教师常常提前布置此活动，让学生在家里或学校中能够完成该活动。

（八）发现法

学生学习概念和原理时，教师只是给他们一些事例和问题，让学生自己通过阅读、观察、实验、思考、讨论、听讲等途径独立探究，自行发现并掌握相应的原理和结论的一种方法。此种方法的优点是提高智力潜能，加强内部奖赏，以便将来自行发现的最佳方法和策略，记忆稳定而持久。

（九）探究法

探究法是指学生学习操作和处理信息的策略，检验假设以及把结论应用到新的内容和情境中去。这种教学方法，目标是使学生发展出操作和处理信息的策略。学生能够识别问题，产生假设，用数据检验假设，把他们的结论应用到新的内容或情境中去。该方法不同于发现法之处在于，在发现学习中教师给学生提供资料，向学生提出疑问，期望学生发现某个原理和抽象思想。可见，探究法较之发现法要困难，对学生知识技能的要求更高。

四、基于核心素养的小学语文教学方法设计运用

（一）小学语文教学方法运用的态度

第一，重视教学方法中人的因素。方法是人使用的方法，教学方法改革依赖于使用教学方法的教师素质的提高。同样的教学方法，在不同的教师手中会产生不同的教学效果。教学方法多种多样，在具体的教师那里，教学方法更显得灵活多样。所谓"教学有法，教无定法，贵在得法"，除了讲教学方法的多样性外，还要求教师掌握并灵活运用各种教学方法。另外，教学方法是教与学相互作用的活动纽带，教学方法的运用不只是教师的事，还依赖学生的参与，依赖师生之间的积极互动。教师在运用各种教学方法的过程中，还要善于调动学生的主动性和积极性，善于和学生交往、互动，提高教学效果。

第二，正确处理继承和发展的关系。任何教学方法都和历史有一定的渊源关系。我们在运用教学方法时，既要注意批判地继承历史上总结出的各种教学方法，不能对传统教学方法进行简单的否定，也要处理好新课程倡导的教学方法和传统教学方法之间的关系，还要善于对历史和现实中的各种教学方法进行创造性的发展，促进教学方法的创新。

第三，综合运用多种教学方法。单一的教学方法总有各种不足，教师要在教学中综合运用多种教学方法。教师综合运用多种教学方法的前提是要认真钻研各种教学方法的特点、作用、适用范围和使用禁忌，在具体教学中选择运用恰当的教学方法，并将这些教学方法进行优化组合，取各种教学方法之"长"而避其"短"。教学方法不是孤立的，方法之间存在关联，互相渗透，任何一种教学方法的作用都是有限的，单纯运用某种教学方法难以取得好的教学效果。

（二）小学语文教学方法运用的最优化

小学语文教学方法的运用要追求实现教学方法的最优化，教学方法的最优化是教学实践取得最优效果的重要保证，也是锻炼与提高教师教学水平的重要途径。

1. 运用最优化教学方法的依据

（1）根据教学的目的和任务。教学方法是实现教学目的和完成教学任务的手段，不同的教学目的和任务，要求运用不同的教学方法。任何教学方法都是为一定的教学目的和任

务服务的。教师必须注意选用与教学目的和任务相适应并能实现教学目的和任务的教学方法。

（2）根据教学内容的性质和特点。教学目的和任务是通过教学内容来实现的，教学内容的性质和特点不同，就应选用不同的教学方法。只有选用的教学方法与教学内容的性质和特点相符合，才能使教学内容发挥出更大的效益。

（3）根据教学对象的实际情况。教学对象的年龄、性别、经历、气质、性格、思维类型、审美情趣等的不同，也对教学方法提出不同的要求。只有选用与其相适应的教学方法，才能真正有效地提高教学对象的知识能力和思想水平，促进其健康向上地发展。

（4）根据教师自身素质及所具备的条件。教师自身的素养条件和驾驭能力，直接关系到选用的教学方法能否发挥其应有的作用。教师应对自身素养及所具备的条件实事求是地进行分析，根据其特点和条件选用恰当的教学方法，以扬长避短。哪怕别人行之有效的方法，也不可盲目照搬，这样才能确保教学方法运用自如。

（5）根据教学方法的类型与功能。每种教学方法都具有不同的特点与功能，教师应认清各种教学方法的优缺点，把握其适应性和局限性，或有所侧重地使用，或进行优化组合，不可盲目地选用教学方法。教学方法的选择与使用，体现着教师的智慧，标志着其教学艺术水平的高低。

2. 探索最优化教学方法的策略

（1）认同感。一种教学方法能否被接受者认同，直接影响到其作用能否卓有成效地发挥出来。如果教师所采用的教学方法既能使学生在理智方面认同，又能使其在情感方面认同，则说明这是一种优化的教学方法。否则，就难以保证教学方法的实效。认同感是衡量最优教学方法的首要条件。

（2）参与度。参与度主要指一种教学方法的使用过程中，教师与学生的参与程度及其积极性，师生关系是否融洽，能不能心领神会地默契配合与协作，能否达到思维共振与感情共鸣。教学艺术的生发点便是师生在教学过程中的交流与合作，因此，最优化教学方法应有较高的师生参与度，较好地体现出教学的民主性。

（3）综合化。最优化的教学方法必须是克服了每种类型方法的局限性，而在其功能、效果、手段等方面呈现出综合化特点的教学方法。因为它综合了各种方法的优点和长处，所以才能发挥出整体最优的功能。不过，综合化不是面面俱到，而是"集优化"；也不是优点的简单相加，而是经过优化组合的新的整体。

（4）时效性。时效性指最优化的教学方法既要能取得最佳效果，又要能达到最高效率，是高效果与高效率的统一。优质高效、省时低耗应当是现代教学方法追求的根本目标。那种效果虽好，但耗时太多；或效率虽高，但效果不佳的教学方法，不能算是最优化的教学方法。双效统一是衡量最优教学方法的又一尺度。

（5）审美值。最优化的教学方法，应该符合美的规律和原则，能给学生带来美的感受，从而使其本身也成为审美的对象。最优化的教学方法即是艺术性的方法，使用最优化教学方法进行教学就是一种艺术性的劳动，审美也就成为其不可缺少的因素。具有审美价值的最优教学方法注意寓教于乐，使学生在不知不觉中受到深刻的教育。

第五节　基于核心素养的小学语文教学评价设计

一、基于核心素养的小学语文教学评价方式设计

在小学语文课堂教学过程中，教师都避免不了要对学生进行评价，学生在学习过程中也都想及时听到老师对他学习表现的评价。因此，如果课堂评价运用得好，对于营造学习氛围、激发学习兴趣、调动积极思维、增强克服困难的决心起着不可低估的作用。在小学语文课堂教学中，评价的方式是多种多样的，其中主要有：教师的评价、学生自我评价和学生间相互评价。

（一）教师的评价

教师的语言评价应充满爱心、充满灵性、充满智慧、充满尊重、充满信任、充满幽默与风趣。

第一，多一点诙谐与幽默。新的语文课程标准强调语文学科的人文性，老师风趣幽默的语言必将使学生受到潜移默化的影响，从而有助于学生良好人文素质的养成。孩子们都喜欢幽默的老师，这样的老师能给学生以亲切、平易近人的感觉，如果老师把幽默恰如其分地用到课堂中去，会拉近与学生的距离，形成良好的课堂气氛。

第二，多一点宽容与理解。与传统教育相比，现代教育使教师们越来越深刻认识到学生资源的发现和利用是教育生命的希望所在。如果能用宽容的眼光去理解孩子，去保护孩子稚嫩纯真的心，那教师的评价语言才会宽容、亲切、真诚，才会让学生感受到老师对他的尊重与赏识，从而增强他继续超越自我的信心。

（二）学生的自我评价

自我评价是自我意识的组成部分，是个人能力结构中的一种非常重要的能力。自我评

价能够消除被评者本身的对立情绪和疑虑，调动他们参与评价的积极性。学会自评有利于学生对自己形成一个正确的认识，这也是最难以培养的一种能力。在教学中，在学生朗读、讲故事、做小老师和合作学习等过程中，教师要引导他们对自己的表现做出判断，逐步由概括性评价向具体、客观的评价发展，提高学生的自我监控能力。平时鼓励学生多做自我反思，进行自我比较，找出自己的进步和不足。这样，学生可以在反省中不断完善自我，个性得到健康发展。

（三）学生间相互评价

在实际教学中，要经常鼓励学生进行互相评价。学生的评价语言要适当、合理、明确、有针对性，而不要过于笼统。在这一点上，需要教师耐心地指导，逐步培养学生的是非判断能力和评价水平，而不能急于求成，要求学生一步到位。学生是学习的主体，学生间的相互评价不仅能提高学生思考问题、分析问题、理解问题和判断问题的能力，还能培养学生的自信、勇敢的品质，增强学生学习的动力。

课堂上如果合理使用不同的评价方式，不仅能提高学生学习的积极性，更能在发展语言能力的同时，发展学生思维能力，激发创造潜力。在课堂教学中，不管采用哪种评价方式，都要注重每个学生的感受，以激励为主，敏锐地捕捉其中的闪光点，并及时给予肯定和表扬。每一次评价都要让学生感受到教师和同伴心诚意切、实事求是的评价，激励学生积极思维，营造一种热烈而又轻松和谐的学习氛围，把学生引导到评价中去，调动所有的学生关注评价、参与评价，使学生在评价中交流，在交流中学习，才能在评价中得到进步，共同提高，全面发展。

二、基于核心素养的小学语文教学评价内容设计

小学语文教学评价首先要解决的前提性问题是评价的内容。小学语文教学评价的内容非常宽泛，对评价内容设计时不可能面面俱到。教学评价内容的设计要充分考虑评价的目的。小学语文教学评价的内容可以分为两大类：一类是针对教师"教"的行为、能力、过程和效果的评价，这类评价的内容至少包括教学目标、教学内容、教学方法、教学过程、教学效果、教师能力和教学态度等方面。另一类是针对学生"学"的学习行为、学习能力、学习态度、学习过程和学习效果的评价。后一类评价是我们要重点讨论的，因为我们整个的教学设计就是从教师视角出发，为学生的"学"而做的设计。从这个角度看，小学语文教学评价设计的内容大致包括学生学习语文的行为、学习的能力、学习的态度、学习的过程以及学习的效果五个方面。

（一）学生学习语文的行为

美国教育学家埃德加·戴尔的"学习金字塔"理论，将语文课堂上学生的学习行为分为八类：①听（教师讲、读或布置任务，个别同学朗读或发言，小组汇报、录音，等等）；②读（多形式的集体朗读、师生领读等）；③看（视频、课件、图片、教师板书或示范、个别同学演练或展示等）；④演（集体演练、个别学生上讲台展示或练习、课本剧等）；⑤其他（作业订正，汇报交流，背诵、默写课文或其他学习材料等）；⑥议（带着任务读或思考，主动质疑，同桌或小组讨论）；⑦践（当堂练习，实验操作，模拟运用，游戏活动，知识整合，学习迁移）；⑧教（小组互教，同桌或邻桌互教）。

学生学习语文的行为贯穿学习语文的全过程，据之可以考查学生的学习态度，表现学生的学习能力，还能影响学习的效果，因此学生学习语文的行为必当属于小学语文教学评价内容之一。

（二）学生学习语文的能力

教育的真正意义不在于让学生获取一堆知识，而在于培养学生的学习能力，学会学习。"学会学习"已成为当代一种全新的教育观。学校应培养学生主动学习的动机，引导他们自觉积极地参与教育的全过程，使他们在今后的学习和工作中，具有适应不断变化的社会的能力。

语文学习能力是一种包括多种一般能力的特殊能力。它是指直接影响到语文学习活动效率，使语文学习任务得以顺利完成的独特的心理特征。它强调的是掌握语文知识技能的动态过程。

从系统论和现代信息加工理论的观点出发，学习过程实际上是一个信息加工的整体系统，包括吸收信息、输出信息、反馈信息和评价信息。因此，学习能力就应包括吸收、运用信息的能力。语文学习也是一个信息的吸收、贮存、处理、输出的过程。我们考虑小学语文学习能力的要素构成，也得从这几方面出发。吸收信息的能力，包括查字典、听话、阅读、做读书笔记等；运用信息的能力，包括说话、作文等。这些因素相互影响，综合起来构成统一的整体。

考查学生学习语文的能力，可以从侧面考查学生的学习语文的态度和学习语文的过程。学生学习语文的能力还能反映学习语文的效果，毕竟学习语文能力的提升其实也是学习语文取得好的效果的一种体现。

（三）学生学习语文的态度

态度是一个人对待某一事物的倾向性，通常表现为积极或消极、热情或冷淡、好或坏，是一个人解决事情成功与否的重要因素。学习态度是诸多非智力因素的核心内容。学生学习语文的正确态度就是要明确学习语文的重要性，在学习中培养良好的习惯，有学习语文的积极性和主动性。学生学习语文的态度直接影响其学习语文的行为，影响学习语文的过程，进而影响学习的能力提升，并影响学习的效果。

（四）学生学习语文的过程

学生学习语文的过程是实现语文教学目标，实现学生学习与发展的核心过程，是教师与学生双向互动的一个动态过程。在这个动态过程中，学生基于某种态度，实施一定的学习行为，提升语文学习能力，取得某种学习语文的效果。离开学习语文的过程，学习行为、态度、能力与效果都无从谈起。因而，学生学习语文的过程是小学语文评价设计需要重点关注的内容。

（五）学生学习语文的效果

学生学习效果一直是教育评价的关键部分，是衡量教育教学质量的重要指数。小学生学习语文的效果是集中反映语文教学目标实现程度的核心评价因素。如果将学生学习语文的态度、行为、过程视为过程性因素，那么学生学习语文的效果就是结果性因素。如果将学生学习语文的能力视为学生学习语文的效果的一种表现的话，那么在简化评价的情形下，甚至可以只用评价学生学习语文的效果这一项内容就可以大致实现语文教学的评价目的。

三、基于核心素养的小学语文教学评价主体设计

（一）教师（学校）评价

教师（学校）评价最为常见，也是小学语文教学评价中最为基础的教学评价，这种评价甚至是很多学校和教师终身采用的唯一的教学评价方式。

教师（学校）对学生在课堂上的表现最为清楚，所以教师（学校）最有权对学生在课堂上的话语、行动、认知水平、临场急智、学习态度以及学习能力进行评价。教师（学校）作为评价主体可以对全班（体）学生进行评价，可以对部分学生进行评价，可以对学生小组进行评价，更可以对学生个人（体）进行评价。

教师（学校）是小学语文教学评价中必不可少的评价主体，但不应该是唯一的主体。

（二）学生评价

学生作为学习主体，应该成为教学评价的主体。小学语文教学评价设计中应努力融入

学生评价。学生评价可以弥补教师单一或单向评价的不足，利于教师综合地、更全面地了解"教"与"学"的情况，也有利于激发学生参与学习的兴趣，提高学生学习的主动性和积极性。

（三）家长评价

家长评价主要是学生家长根据自己孩子学业成绩或者升学情况来对教师（学校）的教学进行评价，具体表现为社会舆论。教师在设计教学评价的时候要引导家长积极主动地关注学生的学习行为、态度、能力、过程与效果，将教师（学校）关注的评价点从视角上进行转移，以获取家长视角的评价信息，进而诊改并指导教学。

小学语文教学评价设计应关注评价主体多元化。小学语文教学评价应注意将教师的评价、学生的自我评价及学生之间的相互评价相结合，加强学生的自我评价和相互评价，促进学生主动学习、自我反思。评价要理解和尊重学生的自我评价与相互评价。要尊重学生的个体差异，有利于每个学生的健康发展。根据需要，可让学生家长、社区、专业人员等适当参与评价活动，争取社会对学生语文学习的更多关注和支持。

四、基于核心素养的小学语文教学评价方法设计

小学语文教学评价方法要实现多样化的改革目标。教学评价方法设计的指导思想是：测试型评价和质性评价兼顾，同时大力开展质性评价。常见的教学评价方法有以下五种：

第一，测试。在提供质性评价的同时，我们必须认识到，测试仍然是日常教学的一种常见的评价方法。设计教学评价方法的时候，教师应当注意改革测试内容、改革测试题型，有效发挥测试的诊断、调整、激励和甄别功能，审时度势，准确把握测试时机，同时还要提高测试设计与实施的专业化水平。

第二，测量。虽然教师重视测试的评价作用，但是，他们往往没有重视测量的特殊作用。在语言教学中，态度测量、情结测量、一般智商的测量，都会对改进教学有明显的影响。同时，此种测量方法还能够使学生更加了解自己。

第三，观察。课堂教学可以采取五种方法观察：结构严密的系统观察法、生态学观察法、人种学观察法、同步等级界定观察法、非正式观察法。

第四，调查。观察是在活动过程中同步采集信息，调查则是在活动之后采集信息。行之有效的调查方法有问卷和访谈两种。问卷和访谈都需要掌握一定的专业技术，但教师实施此类调查应当说是很有必要的。

第五，成长记录袋。成长记录袋也可以称为档案袋。成长记录袋具有"收集、选择和反思"功能，即从收集的所有作业中，学生自己选择存入档案袋的材料，可以是他们认为

特别有价值的东西，然后学生对自己的成品和相关表现进行反思。

第六，轶事记录。轶事记录就是对某一时间、地点和环境下发生的行为进行持续的客观的描述。此种方法可以用于学生执行解决问题的任务或项目时的质性评价。这项评价活动当然可以由教师来做，但是，我们认为更重要的是让学生来进行轶事记录。长期做这件事可以有效地培养学生的反思能力。

五、基于核心素养的小学语文教学评价工具设计

第一，核查表。教师将他（她）期待的具体行为以列表方式提供给学生，学生个人、两人小组和多人小组可依据自己的表现在检查表中进行勾画，进行自我评价。

第二，教学评定量表。用数字表示学生课堂行为（已发生的）的等级。如我们可以用5、4、3、2、1来确定期待行为的活跃程度：5表示特别活跃，4表示比较活跃，3表示中等活跃，2表示不够活跃，1表示很不活跃。

第三，图示评定量表。用一条水平线或垂直线组成量表，表示在一个连续体上对学生行为的客观等级描述。

第四，实物。实物就是真实的物品。教师可以根据所教的内容选择不同的实物，如文具、玩具、动物（玩具动物）、交通工具（玩具交通工具）等。这些都是真实的物品，给学生作为评价工具。

第五，图片。使用图片也要根据所教的内容选择，如动物图片、人体部位图片、颜色图片、交通工具图片，饮料、食品和水果等图片。

第六，贴片。贴片是较低学段教学过程中使用最多的一种评价工具，如动物贴片、人体部位贴片、颜色贴片、饮料贴片、食品贴片、水果贴片、玩具贴片、文具贴片、交通工具贴片等。这些评价工具均须根据教学内容来选择使用。

第七，标志。在课堂教学中，教师经常将一些标志，如笑脸、平脸、哭脸、五星、花朵、彩旗、奖章、胸章等作为评价工具。

第八，数字。数字作为评价工具，更多的是结合数字教学来使用。

第九，简笔画。除以上几种评价工具外，教师在课堂上经常结合教学内容使用简笔画作为评价工具，如画文具、动物、人体部位、食品、交通工具等。

进行小学语文教学设计评价除了上述内容外，教师还需要对小学语文教学评价语言进行设计，高效地设计教学评价语言，可以达到激励学生，不断提高课堂教学效果的目的。

六、基于核心素养的小学语文教学评价策略设计

(一) 综合运用各种评价工具

具体的教学评价工具使用的场合总是有限的，为避免单一或少数评价工具的不足，在教学评价过程中，必须综合运用各种评价工具。教师在设计选用教学评价工具之后，在教学过程中需要根据学生的年龄特点，使用激励性的语言、图片、贴（卡）片、数字、简笔画，甚至小红花、小红旗、表扬信、家长通知单（短信）等任何可用的评价工具，客观、灵活、形象地评价学生的点滴进步与发展。

(二) 合理构建全程评价机制

第一，前评价机制。前评价机制一般指对教学设计与方案的评价，主要从设计与方案是否符合学生学习的原则和要求、是否以培养学生全面发展为目标、是否与教材以及学生的实际情况相适应等方面进行评价。

第二，中评价机制。中评价机制一般是对教与学过程的评价。主要评价教学设计的质量和教学模式的质量。对教学设计质量评价的要点是设计是否贴近课程教育教学的实际要求，是否有利于学生习得知识。对教学模式评价的要点是模式是否突出科学性、开放性和发展性。

第三，后评价机制。后评价机制其实是一种外部反馈机制，注重从家长与社会获得评价，要点是培养的学生是否具备相应的能力和素质，教师的"教"与学生的"学"是否都实现了相应的目标，以及获取家长与社会对教师教育教学质量的总体评价。

七、基于核心素养的小学语文教学评价设计应用

(一) 关于识字与写字的评价

汉语拼音学习的评价，重在考查学生认读和拼读的能力，以及借助汉语拼音认读汉字、讲普通话、纠正地方音的情况。

对识字的评价，要考查学生认清字形、读准字音、掌握汉字基本意义的情况，以及在具体语言环境中运用汉字的能力，借助字典、词典等工具书查检字词的能力。第一、第二学段应多关注学生主动识字的兴趣，第三、第四学段要重视考查学生独立识字的能力。

对写字的评价，要考查学生对于要求"会写"的字的掌握情况，重视书写的正确、端正、整洁，在此基础上，逐步要求书写流利。第一学段要关注学生写好基本笔画、基本结

构和基本字；第二、第三学段还要关注学生的毛笔书写；第四学段还要关注学生基本行楷字的书写和对名家书法作品的临摹。义务教育各个学段的写字评价都要关注学生写字的姿势与习惯，引导学生提高书写质量。第三学段要求学生会写 2500 个字。评价要有利于激发学生识字、写字的兴趣，帮助学生养成写规范字的习惯，减少错别字。

（二）关于阅读的评价

对阅读的评价，要综合考查学生阅读过程中的感受、体验和理解，要关注其阅读兴趣与价值取向、阅读方法与习惯，也要关注其阅读面和阅读量，以及选择阅读材料的能力。重视对学生多角度、有创意阅读的评价。语文知识的学习重在运用，其概念不作为考试内容。能用普通话正确、流利、有感情地朗读课文，是朗读评价的总要求。根据阶段目标，各学段的要求可以有所侧重。评价学生的朗读，可从语音、语调和语气等方面进行综合考查，评价"有感情地朗读"，要以对内容的理解与把握为基础，要防止矫情做作。

对诵读的评价，重在提高学生的诵读兴趣，增加积累，发展语感，加深体验和领悟。在不同学段，可在诵读材料的内容、范围、数量、篇幅、类型等方面逐渐提高要求。

对默读的评价，应从学生默读的方法、速度、效果和习惯等方面进行综合考查。

对精读的评价，重点评价学生对阅读材料的综合理解能力，要重视评价学生的情感体验和创造性的理解。第一学段可侧重考查对文章内容的初步感知和对文中重要词句的理解、积累；第二学段侧重考查通过重要词句帮助理解文章，体会其表情达意的作用，以及对文章大意的把握；第三学段侧重考查对文章表达顺序和基本表达方法的了解领悟；第四学段侧重考查理清思路、概括要点、探究内容等方面的情况，以及读懂不同文体文章的能力。

对略读的评价，重在考查学生能否把握阅读材料的大意。对浏览的评价，重在考查学生能否从阅读材料中捕捉有用信息。

对文学作品阅读的评价，着重考查学生感受形象、体验情感、品味语言的水平，对学生独特的感受和体验应加以鼓励。第一学段侧重考查学生能通过朗读和想象等手段，大体感受作品的情境、节奏和韵味；第二学段侧重考查在阅读全文基础上对重要段落和语句的细致阅读，具体感受作品的形象和语言；第三、第四学段，可通过考查学生对形象、情感、语言的领悟程度，以及自身体验，来评价学生初步鉴赏文学作品的水平。

评价学生阅读古代诗词和浅易文言文，重点考查学生的记诵积累，考查他们能否凭借注释和工具书理解诗文大意。词法、句法等方面的概念不作为考试内容。

要重视学生课外阅读的评价。应根据各学段的要求，通过小组和班级交流、学习成果展示等方式，了解学生的阅读量和阅读面，进而考查其阅读的兴趣、习惯、品味方法和能力。

（三）关于写作的评价

对写作的评价，应按照不同学段的目标要求，综合考查学生写作水平的发展状况。第一学段主要评价学生的写话兴趣；第二学段是习作的起始阶段，要鼓励学生大胆习作；第三、第四学段要通过多种评价，促进学生具体明确、文通字顺地表达自己的见闻、体验和想法。对作文的评价还须关注学生汉字书写的情况。

写作的评价，要重视学生的写作兴趣和习惯，鼓励表达真情实感，鼓励有创意的表达，引导学生热爱生活、亲近自然、关注社会。

写作材料准备过程的评价，不仅要具体考查学生占有材料的丰富性、真实性，也要考查他们获取材料的方法。要引导学生通过观察、调查、访谈、阅读等途径，运用多种方法搜集材料。

重视对作文修改的评价。要考查学生对作文内容、文字表达的修改，也要关注学生修改作文的态度、过程和方法。要引导学生通过自改和互改，取长补短，促进相互了解和合作，共同提高写作水平。

评价结果的呈现方式，根据实际需要，可以是书面的，可以是口头的；可以用等级表示，也可以用评语表示；还可以采用展示、交流等多种方式。

提倡学生在成长记录中收存有代表性的课内外作文和有价值的典型案例分析，以反映写作的实际情况和发展过程。

（四）关于口语交际的评价

对口语交际的评价，须注重提高学生对口语交际的认识和表达沟通的水平。考查口语交际水平的基本项目可以有讲述、应对、复述、转述、即席讲话、主题演讲、问题讨论等。

对口语交际的评价，应按照不同学段的要求，综合考查学生的参与意识、情意态度和表达能力。第一学段主要评价学生口语交际的态度与习惯，重在鼓励学生自信地表达；第二、第三学段主要评价学生日常口语交际的基本能力，学会倾听、表达与交流；第四学段要通过多种评价方式，促进学生根据不同的对象和内容，文明地进行人际沟通和社会交往。评价宜在具体的交际情境中进行，让学生承担有实际意义的交际任务，并结合学生在日常生活和学习活动中的表现，综合考查学生真实的口语交际水平。

（五）关于综合性学习的评价

对综合性学习的评价，应着重考查学生的语文综合运用能力、探究精神与合作态度。

主要着眼于学生在综合性学习过程中的表现，如是否能积极参与活动，是否能主动提出问题，还有搜集整理材料、综合运用语文知识探究问题、展示与交流学习成果等方面的情况。第一、第二学段要较多地关注学生参与语文学习活动的兴趣与态度；第三、第四学段要多关注学生在语文活动中提出问题、探究问题以及展示学习活动成果的能力。各个学段综合性学习的评价都要着眼于促进学生提高语文水平的效率，并有助于他们扩大视野，更好地掌握学习语文的方法。

评价要尊重和保护学生学习的自主性和积极性，鼓励学生运用多种方法，从不同的角度进行探究。要充分注意学生解决问题的思路和方法。对有新意的思路和表达以及有特点的展示方式，尤其要给予足够的重视。除了教师的评价之外，要多让学生开展自我评价和相互评价。

小学语文教学评价要体现语文课程目标的整体性和综合性，全面考查学生的语文素养。应注意识字与写字、阅读、写作、口语交际和综合性学习五方面的有机联系，注意知识与能力、过程与方法、情感态度与价值观的交融、整合，避免只从知识、技能方面进行评价。

八、基于核心素养的小学语文教学评价设计实施

要做好教学设计中教学评价的设计与实施，我们应做好课前准备性评价、课中形成性评价及课终总结性评价的设计与实施。

（一）课前准备性评价的设计实施

准备性评价是在一门课程、一个单元的教学工作开始前进行的预测性、诊断性的评价工作。目的在于使教师了解教学对象对教学课程的目的期望、兴趣态度和意见建议；掌握教学对象所具备的与本课程教学相关的知识储备和学习能力，摸清不同教学对象的个体性差异和需求，进而为教学方法手段、目标要求、实施计划提供具体翔实的依据。

设计和实施好准备性评价的工作，对完成好整个课程、单元的教学设计与实施至关重要。准备性评价可采取查阅学生的学习档案、与学生进行座谈、问卷调查或课前小测验等多种方式进行。

准备性评价不是筛选性、达标性评价，所以准备性评价的设计与实施要以能最有效地了解和掌握教学对象的基本情况为原则。准备性评价后，教员要做到对每个学员在本门课程学习中的"初始状态量"心中有数。准备性评价的结果只能作为教师因材施教、有的放矢地做好"差异性教学"的设计与实施的依据，和今后的过程性、结果性评价的依据，但要防止以此给学生贴标签、分好恶，或作为给自己开脱责任的理由。

（二）课中形成性评价的设计实施

形成性评价（也称为过程性评价）是在课程教学实施的过程中进行的随机性、检验性评价。目的是及时、动态地了解和掌握学生对一堂课、一个单元中所学知识的掌握程度和相关技能的形成情况，进一步发现和掌握每个学生的能力潜质以及教学中存在的问题，促进和引导学生改进学习目标和学习方法，并为教师改进教学方法、调整教学进度、进行个别辅导等提供反馈信息和决策依据。

过程决定结果。设计、组织和实施好形成性评价，是提高整个课程教学质量的重要保证。形成性评价贯穿于课程教学的全过程，形式方法多样。可以通过随堂提问的回答、单元测验的成绩、课外作业的完成情况等信息来进行整体和个体的学习效果的评价。课外作业不但是促进学生加深对课堂教学内容的理解掌握，提高学生运用课堂所学知识分析、解决问题能力的重要方法，同时也可作为检验和评价学生课堂学习效果的重要手段。为了更好地通过作业情况来检验和评价课堂教学效果，布置课外作业时，可根据学生学习能力和水平存在差异的客观实际，分别选定难、中、易三个等级的题目各二至三题，并只要求学生根据自己的情况选做其中 2~3 题，但鼓励多做；检查和批改作业时，通过做题的质量、数量和难度可以对学生学习效果和学习态度做出初步的评价；讲评作业时则要根据准备性评价中得出的每个学生的基本情况，以不同的标准进行讲评。对于学习基础较差的学生只要其能完成难度低的习题就可视为完成作业，做了中等难度以上的题则应给予表扬；对于基础好的学生则应提高标准，只有在完成了难度较大的习题时，才给出好的评价，从而使各个水平的学生都有适宜的、可实现的学习目标，激励和保证每个学生在教学过程中都尽可能地取得最大的收效。过程性评价不是给学生的学习评定等级或做出结论，在过程性评价时，教师关注和记录的应该是评价中发现的问题和原因，而不是学生的分数和表现。教师应该根据发现的问题及时分析产生的原因，调整自己的教学方法，协助学生分析问题，制定改进学习的方法措施，并做好个别辅导。过程性评价的结果可以作为结果性评价的参考依据。

（三）课终总结性评价的设计实施

总结性评价在课程实施或教学过程结束时进行。目的：①对本课程教学过程进行总结分析，肯定成绩和优点，找出问题和不足，吸取经验和教训，为教员在今后课程教学中改进教学设计提供反馈信息；②对本教学过程最终取得的教学效果和教学目标的实现程度做出评价；③以目标为牵引，辅以有效的奖惩机制，全程激励师生的教学热情，促进师生的责任意识和进取意识。总结性评价多采用考试和座谈等方法获取评价信息，通过综合的总结分析得出评价结论。总结性评价由任课教员、教研室组织，也可由专门的考试机构或教学质量评价机构组织。

总结性评价既是对本教学过程的总结和评价，又为设计和实施下一个教学过程提供经验和指导，在教学设计与实施中有着重要的地位和作用，必须科学务实地做好设计并切实有效地去实施。

第一，试题试卷拟制既要依据课程教学的目标要求确定试题范围、试题类型、难易程度，也要兼顾教学对象实际的学习能力和水平，以确保考试能真实有效地反映课程教学目标的实现程度和学生促进能力素质的发展提高。

第二，分析评价既要依据教学目标做好教学目标实现程度的绝对性评价，又要根据不同学生、不同单位之间的不同特点做好相对性评价。既要看学生知识、能力素质的"当前量"，更要看其教学实施前的"初始量"与"当前量"之间的"增量"；既要看学生在本课程知识能力方面的收获，也要看通过本课程教学后，学生在德、智、体、技等综合素质方面的提高和收获。

第三，在评价结果的处理上既要依据评价结果和相关规定进行严格的奖惩，发挥好总结性评价的激励作用，更要根据评价中发现的问题、不足和优点、收获，做好经验教训的总结，并制定改进的措施，发挥好教育评价的调节作用。

第三章 基于核心素养的小学语文知识教学设计

第一节 小学语文汉语拼音的教学设计

"汉语拼音是认识汉字、学习普通话的工具和载体，是小学语文教学重要的组成部分"①。中国文字是表意文字，笔画繁多，字体结构非常复杂，书写和认读都较为困难。拼音内容抽象、枯燥，要把拼音教好，让学生读准、写准、拼准是一件非常重要的事。课程标准中的"教学建议"提出：汉语拼音教学要尽可能有趣味性，宜多采用活动和游戏的形式，应与学说普通话、识字教学相结合，注意汉语拼音在现实语言生活中的运用。因此，在拼音课教学设计时，应围绕小学语文教材中整合、轻松、有趣、弹性的情境图，将拼音知识内容与情境图有效整合，营造轻松、欢快、高效、有趣的拼音教学课堂。

在拼音教学中，要紧紧围绕课程标准的要求实施教学，虽然拼音教学内容主要集中在小学语文一年级上册中，但拼音教学贯穿整个小学阶段。各学段的拼音学习要求和任务各有侧重。例如，第二单元中出现的生字词只要求会读、会认即可，不需要书写，也不需要进行具体的字形分析；儿歌的教学旨在巩固学生的拼音知识，激发学生的学习兴趣，教师在教学时可采用多种形式的朗读，不要求学生理解和背诵。同时，教师实施拼音教学需要有扎实的拼音基础知识，要把握好声母、韵母、声调的教学，也要把握好音节的拼读教学、词语和儿歌教学，以及识字教学，并处理好拼音与识字之间的关系。汉语拼音课常用教学设计方法具体如下：

一、小学语文汉语拼音教学的情境图示法

小学语文教材在拼音板块的设计上，特别注重情境图的设计。因此，在教学中应充分应用情境图示法。

---

① 胡冰茹，周彩虹.小学语文课程教学与设计［M］.苏州：苏州大学出版社，2020：182.

第一，利用插图引导学生认识字母。拼音情境图具备示音、示形的特点，教师可以通过插图让学生快速、有效地掌握字母的形状和发音。

第二，利用情境图培养学生的观察能力。例如，在"zh ch sh r"拼音课的一幅图中，粗看只有长颈鹿、狮子、刺猬、猴子，但是仔细观察，我们就可以发现长颈鹿的脖子上挂着牌子，上面写着"值日"，包含本课中的"zh""r"，小猴子的旁边还有一只蜘蛛，这些只有细心观察的学生才会发现。因此，在教学中，教师要鼓励、引导学生去观察和发现。

第三，利用情境图引导学生学拼读。课文中的插图内容十分丰富，当学生发现图中的事物后，教师可以出示音节词，让学生去拼读，这样就把音节词和情境图中的事物联系在一起了。

第四，利用情境图引导学生练习说话。教师可以引导学生先单句练说，再连句说话，然后创编说话，层层递进。教师可以选择接近生活、寓于情趣的插图，利用插图表音、表形的特点，启发学生掌握字母。例如，女孩唱歌"a、a、a"，公鸡啼叫"o、o、o"，鹅在水中倒影"e、e、e"。

二、小学语文汉语拼音教学的儿歌、游戏教学法

低年级的学生天真活泼、喜唱好跳，根据这一特性，教师应不失时机地利用学生智力发展的最佳时机，克服"满堂灌"的教学方式，积极挖掘教材本身所蕴含的快乐因素，把欢乐引进课堂。主要做法为：①深入理解教材，挖掘教材固有的快乐因素；②努力做好直观教具，充分开展直观教学；③针对学生注意力集中度低、好动好玩的特点，把游戏引进课堂；④根据学生好胜心、进取心强的心理特点，组织课堂学习竞赛。

教师可以用"比一比""赛一赛""争红花""夺红旗""看谁的伙伴找得快"等方法，诱发学生的学习动机，激发他们对学习活动始终保持浓厚的兴趣，引导他们保持积极的态度和高度集中的注意力。

例如，为了把声母、韵母的音和形留在学生的记忆里，提高学生记忆的准确率、发音的正确率，教师可揣摩声母、韵母的形态特点，予以形象化的比拟，自编儿歌、口诀。如教学单韵母a，教师可以用自编的两句口诀：张大嘴巴"a、a、a"，小女孩扎辫子，"a、a、a"。前者可以帮助学生记住单韵母的发音和口形特点，后者可以引导学生学习和掌握字形特点。

三、小学语文汉语拼音教学的实物演示法

教师可以用直观的办法来帮助学生准确发音，记住字形。例如，教学声母 f 和 t 时，

先可以拿一根拐杖做教具，进行直观演示，拐杖朝下 "t、t、t"，拐杖朝上 "f、f、f"，再在问答中揭示 f 和 t 的读音及写法，然后通过实物演示来检验发音的方法是否正确。

四、小学语文汉语拼音教学的联系生活法

从学生的生活实际出发，使用熟悉的物品来教拼音。例如，在教 ge 时，教师可以联系哥哥、鸽子等。又如，在教 he 时，教师可以联系荷花、小河等事物来引导学生学习拼音。再如，在教 hua、gua 时，由于学生是第一次接触三拼音，对他们而言拼读有一定的难度，教师可以让学生先认识图片中的事物，让他们不断地朗读带有花和瓜的事物，并慢慢地学会拼读；还可以联系学生已学的生字来拼读音节，降低学生学习的难度；拼音学到一定程度后，可以先让学生用拼音来写日课表，再让他们写同学的名字。这样既加深了学生对拼音的印象，又让学生了解拼音在实际生活中的作用。

五、小学语文汉语拼音教学的表演对比记忆法

小学语文教材中有丰富的情景图，学生通过观察情景图，能够找到学习的拼音字母和拼读音节，借助情景图准确发音，记住字形。因此，学生要注意辨别形近字、不易辨认的字母发音。例如，区分 b、m、f 与 d、n、t 的读音和字形；区分 z、c、s 和 zh、ch、sh、r 的读音方法和写法；区分 p 与 q，n 与 l，g 与 k，h 与 w 的读音；区分韵母 ei、en、un、ui 的读音等等。这些都是容易混淆的一些音节和字母。教师应充分利用小学语文教材中的情景图，结合情景故事，引导学生学习拼音的形状和发音。

教师让学生仔细观察形近、易混的字母或字母组合的形体，找出它们的相同点和不同点进行对比记忆，并加入表演的元素，可以给学生留下深刻的印象。例如，b 和 d 两个声母，学生很易混，教师可以让两名学生盘腿相对而坐，让其他学生观察他们盘腿的样子，就像 b 和 d，再让其他学生分辨 b 和 d 半圆的方向，借此加深学生的记忆。

六、小学语文汉语拼音教学的诵读法

拼音的学习以 "读" 为主，字母的学习、音节的拼读、词语和儿歌的学习都离不开朗读。通过朗读，学生可以掌握发音的方法，并掌握拼音的内容。因此，在教学中，教师应当尽可能地让学生开口朗读，增强其记忆力，并培养学生口语交际的能力。好的教学设计是课堂实施的关键。拼音是学生识字和阅读的基础，抓好拼音课的教学尤为关键。在实际授课中，教师应灵活利用多种教学策略，为学生营造快乐、有趣、有效的拼音课堂。

第二节　小学语文识字与写字的教学设计

一、小学语文识字与写字教学的意义

"识字与写字教学是小学语文教学的首要任务之一，是中低段小学语文教学的重点与难点，它不仅是整个小学语文教学的基础，也是其他学科教学的基础"①。

从学生发展的角度来看，识字是学习文化的开始。识字不仅是学习语文、培养语文素养的前提和保障，也是学习和掌握其他学科知识的必要手段。识字与写字使儿童从口头语言的学习过渡到书面语言的学习，使儿童实现自主阅读、自主写作。因此，识字与写字量的多少直接影响到儿童的阅读、写作水平，识字与写字的过程也是儿童思维发展、知识积累、能力提升的过程。从国家发展的角度来看，国民识字的多少与国家经济、文化等方面的发展密切相关。从文化传承的角度来看，汉字是中华文化的载体，是中华文明的瑰宝。古老的汉字是汉民族智慧的结晶，是汉文化的主要载体，蕴含着民族物质文化、民族社会制度文化、民族思想文化等文化因素，很多汉字堪称民族、社会、制度、文化的活化石。因此，识字与写字的过程是吸收民族文化智慧、传承民族文化的过程。

二、小学语文识字与写字教学的要求

语文课程标准为小学教师明确地提出了识字、写字教学的目标和内容。要保质保量地完成课程标准规定的任务，小学语文教师可从拼音教学、识字教学、写字教学三方面努力。

（一）拼音教学方面的要求

第一，教学生读准声母、韵母、声调和整体认读音节，辨认 h、d、p、q 等形近的声母，区别 ei 与 ie、ui 与 iu、un 与 ün 等易混淆的韵母，读准 f 与 h、n 与 l、zh 与 z、ch 与 c、sh 与 s、en 与 eng、in 与 ing，读准二声调与三声调，认准 yuan、yun 等易被拼读的整体认读音节。

第二，要求学生正确拼读音节，不必直呼音节，掌握三拼音节的拼读方法与技巧，注意嘴形的变化，发音准确、到位，克服方言的干扰。

---

① 廖娅晖．小学语文教学设计［M］．北京：中国铁道出版社，2018：99.

第三，教学生认识四线三格，在四线三格中正确书写声母、韵母和音节，注意 p、f、g、j、q 等在四线三格中的位置，明确 ui、iu 的标调规则，正确书写 j、q、x 与 ü 组成的音节。

（二）识字教学方面的要求

第一，教学生借助汉语拼音认识汉字，认写分开，多认少写。

第二，运用多种识字教学方法和形象直观的教学手段，创设丰富多彩的教学情境，提高识字教学效率，提高学生对字形记忆的准确性。

第三，让学生了解一些汉字的知识，引导学生根据汉字的结构特点分析、辨识、掌握字形，通过形近字的比较，提高学生精细辨认和识记字形的能力。

第四，正确、科学地解读汉字，利用汉字的构字规律认识汉字，明确形声字的音形关系、会意字的形义关系，掌握同音字与多音字的音义区别，运用直观教具、遣词造句、联系生活实际、联系上下文等方法让学生理解字义。

（三）写字教学方面的要求

第一，教给学生执笔和运笔的方法，帮助学生掌握正确的写字姿势，养成良好的写字习惯。

第二，掌握汉字的基本笔画、笔顺规则、间架结构和常用的偏旁部首。

第三，教学生学会用田字格，以田字格中的横线和竖线为标准，观察汉字各笔画、各部分在田字格中的位置，按笔顺规则正确书写，注意间架结构，感受汉字的形体美。用毛笔临摹、书写楷书。

第四，在每天的语文课中安排 10 分钟练字，教师随堂指导，予以示范、纠正，讲究练字效果。注重书写质量，增强学生日常书写中的练字意识，将作文书写及其他学科的作业书写过程当作练字的过程。

三、小学语文识字与写字教学的方法

识字写字教学是第一学段语文教学的重点、难点，也是贯穿整个义务教育阶段的重要的教学内容。新的课程改革也重视学生识字写字能力的培养，注重识字方法，力求识用结合。识字写字教学，应把握识字写字的不同要求，遵循学生身心特点，采用多种教学方法，提高识字写字教学的效率，增强识字写字教学的效果，培养学生识字写字的兴趣，调动学生识字写字的积极性，产生对祖国语言文字的热爱之情。

（一）识字教学的方法

汉字是表意体系文字，是音、形、义三者的统一体。在识字教学时，必须从字音、字形、字义三方面进行。

1. 字音方面

字音教学是识字教学的第一步，字音的学习必须借助于汉语拼音。在字音教学时，教师应当指导学生利用汉语拼音认读汉字，对于易读错的生字应当着重指导，反复正音。同时，也应当鼓励学生自主认读汉字，利用新华字典、现代汉语字典等工具书获取生字的拼音，认读生字。

汉字中同音字、多音字、形声字较多，教师应当把握汉字的特点，采用恰当的方式进行教学。对于同音字，字音相同，字形、字义不同，教学的难点在于让学生分清楚字形与字义，掌握不同用法，加强比较、辨析，以避免错别字的产生。对于多音字，字形相同，字音、字义不同，教学的难点便在于让学生分清楚多音字的字义与用法，并将其放入不同的语言环境予以辨析，以读准字音。对于形声字，可以借助声旁进行字音教学，形声字的声旁表音，形旁表义，声旁相同的字，读音相同或相近。但是，在汉字的演变过程中，有些形声字的声旁已经失去了字音辨认的功能，现在不能根据声旁来确定其读音了，如江、河、悖、钗、答、玷、抨等。对于这类形声字，教师应当特别提醒学生不能只看声旁读字音，以免读错字音。

2. 字形方面

字形教学是识字教学的关键，也是学生识字的难点。汉字中有的笔画相同，长短位置不同，如：田、由、甲、申，太、犬，天、夫，土、士，未、末。有的字形相似，笔画不同，如：旦、旧，申、电，外、处。有的多一笔，有的少一笔，如：大、天，今、令，斤、斥，免、兔，哀、衰、衷。有的结构相同，部件位置不同，如：杏、呆，吞、吴，陪、部。有的字声旁相同，形旁不同，如：渴、喝、歇、竭，领、岭、铃、玲。因此，为了使学生更好地认清字形，加强记忆，提高识字认字能力，教师应针对汉字字形的不同特点，采用不同的字形教学方法。字形教学主要有以下一些方法：

（1）笔画部件分析法。笔画部件分析法是字形教学的最基本、最重要的方法。笔画是构成汉字的点和线，是汉字最小的构成单位。部件是由笔画组成的具有组配汉字功能的构字单位。汉字往往可以分成两个或两个以上的单位。在教学独体字时，可以采用笔画分析法，分析一个字或某部分由哪些笔画组成，各笔画的名称及笔画的书写顺序。在教学合体字时，可以采用部件分析法，分析一个字由哪些部件组成，各部件的名称及位置。如："加"左边是"力"，右边是"口"；"树"左边是"木"，右边是"对"；"盆"上面是"分"，下面是"皿"；"意"上面是"音"，下面是"心"；"赢"由"亡、口、月、贝、凡"组成。

（2）构字规律分析法。象形、指事、会意、形声是四种基本的构字方法。教师要引导学生根据汉字构字规律来分析字形，科学地解读汉字，挖掘汉字的深层文化，提升学生的识字能力与识字兴趣。

象形字多出现在小学一年级上册，如：口、耳、目、日、月、火、羊、鸟、兔、木、禾、竹、石、刀、鱼、网等。教学象形字时，教师引导学生观察实物或图画，让学生看一看、猜一猜，找出象形字与图形的相同点，将字形与图形联系起来，以便记住字形。

指事字也多出现在小学低年级识字阶段。在教学指事字时，教师可让学生明确指事字所指之意。如在教学"本"字时，可让学生明白，在"木"的下部加一画作为指示符号，指示树根的部位，因此"本"的本义是树根。在教学"末"字时，可让学生明白，在"木"的上部加一画作为指示符号，指示树梢的部位，因此"末"的本义是树梢。

会意字是比较有趣的汉字，一般由两个或两个以上的独体字组合而成，其意思就是各部件意思的组合。如，以"手"遮"目"谓之"看"，"人"倚"木"而立谓之"休"，"日""月"同辉谓之"明"，上"小"下"大"谓之"尖"，"衣""谷"不缺谓之"裕"，"色"彩"丰"富谓之"艳"，两"手"分物谓之"掰"。

形声字占现代汉字的绝大部分，因此，形声字的教学是识字教学的重点。形声字一般由形旁与声旁两部分构成，形旁表示汉字的意义，声旁表示汉字的读音。同一个形旁与不同的声旁组合，可以构成许多意义相关的字。如用"灬"做形旁，可以组成"烈、热、熊、煮、蒸、烹、熟"等与火有关的形声字。此类汉字，可以通过声旁读准它们的字音，以区别它们的字形。同一个声旁与不同的形旁组合，可以构成许多声音相同或相近而意义不同的字。如用"宣"做声旁，可以组成"喧、渲、暄、萱"等读 xuān 的形声字。此类形声字，可以利用汉字的形旁区别它们的意义，以区别汉字的字形，避免写成别字。形声字的形旁和声旁结合的方式多种多样。在进行形声字的教学时，教师应当引导学生找出形声字的形旁与声旁，分析形旁所表示的意义，声旁所表示的读音。还应引导学生利用形旁和声旁区别形声字中的形近字、同音字。

（3）歌诀字谜识字法。在汉字教学时，教师不可能对每个汉字都进行字理分析，可以编一些儿歌、口诀、顺口溜、字谜等，让学生在读读、背背、想想、猜猜中识记字形，既有趣味，又能加深印象，巩固记忆。还可以让学生自己进行创编，既能鼓励他们自主识字和创造性识字，又能锻炼他们的思维能力、语言组织能力、想象力、创造力。

（4）字形比较识字法。汉字中形近字的字形非常相似，难以辨认和识记，容易混淆。如：今与令，兔与免，鸟与乌，仓与仑，买与卖，卯与卵，壁与璧，己、已与巳，戊、戌与戍。因此，形近字教学是字形教学中的一个难点，教师应注重形近字的归纳、比较与辨析，再辅以字形教学的其他方法进行教学，突破难点。

（5）游戏比赛识字法。低年级学生爱玩、好动、喜胜，有意注意的持续时间比较短。因此，创设生动、有趣的识字学习环境，寓教于乐，让学生在轻松愉快的游戏中学习，在"玩"中识字，既尊重了儿童的天性与身心发展特点，又能让他们在游戏比赛中获得积极的情感体验，激发其主动识字的兴趣。

（6）结合生活识字法。生活就是一个大课堂，处处有生字，让生活中的汉字走进课堂，让识字教学走进生活实践，这不仅可以强化识字教学的效果，而且可以让识字更贴近学生生活，激发学生学习生字的欲望。教师要充分利用生活这块识字沃土进行教学，引导学生做一个生活上的有心人，让学生通过看书、读报、看电视识字，从各种商品中识字，从各种路牌、门牌、广告牌中识字。教师还可以让学生带来各种生活中见到的字，在班上交流学习，分享识字的成功与快乐，提升识字的兴趣，提高自我识字的能力。教师应尽可能获得家长的帮助与支持，邀请家长也参与到学生的识字教学中来。

3. 字义方面

字义教学的方法很多，教师应当根据字词的不同情况，采取不同的方法。

（1）字理分析法。汉字是表意文字，教学字义时，我们可以利用象形字的直观性、指事字的指示性、会意字的形义联系、形声字形旁的表意性等字形特点来帮助学生理解字义。只要教师讲清了汉字的构字方法，说清了汉字的字理，学生便不难明白汉字的字义。

（2）直观演示法。小学低年级学生的思维以形象思维为主，因此，在小学低段的识字教学中，教师可以通过观察实物、图画、表情、动作、实验、表演等方法，将抽象的文字符号表示的意义直观、形象、生动地展现出来，帮助学生理解与记忆。

（3）比较分析法。汉语中存在着大量的近义词和反义词，在教学时，教师可以引导学生用熟悉字词来理解意思相同、相近或相反的生字词。如："美丽"可换成"好看"，"美"就是"丽"，"美"和"丽"都是"好看"的意思；"寻觅"可换成"寻找"，"寻"就是"觅"，"寻"和"觅"都是"找"的意思；"担忧"可换成"发愁"，"忧"就是"愁"的意思。又如："退"的反义词"进"，"贫"的反义词"富"，"朝"的反义词"夕"，"拾"的反义词"扔"。

（4）组词造句法。汉字中大多数的字都可以表达多个意思，同一个字在不同的词语组合和语言环境中，含义不同。一字多义的学习是小学中低年级识字的一个难点。在教学中，教师可以引导学生给生字组词、造句，在具体的语言环境中，理解字义，掌握字的用法。如："深"，可以组成"深山、深渊"，表示距离大，与"浅"相对；可以组成"深夜、深秋"，表示久，时间长；可以组成"深色、深红"，表示颜色浓；可以组成"深情、深交"，表示感情好，关系密切。也可以根据不同意思，依次造句"这条河的水非常深；

夜已经很深了，他还在不停地工作；她穿的衣服，颜色太深了；他俩的关系很深。"

（5）联系实际法。汉语中有些字词的意义比较抽象，不方便直观地演示、表达出来，但是这些字词在生活中常常出现，学生也曾经见过、经历过。在教学这些字词时，就可以通过联系学生的生活实际，用具体的例子来唤起他们的亲身感受，帮助他们理解字词的意思。

（6）结合语境法。结合语境、联系上下文理解字词的方法是一种最基本的、常见的、重要的字义教学方法，有助于帮助学生理解那些抽象的字词，避免学生死记硬背字词的含义。例如，在教学《丑小鸭》一课中的"欺负"时，为了让学生理解该词的意思，可以结合下文"哥哥、姐姐咬它，公鸡啄它""小鸟讥笑它，猎狗追赶它"来理解。

（二）写字教学的方法

写字教学方法多样、形式灵活，下面主要分析几种常用的方法。教学有法，但无定法。在实际教学中，教师可根据情况选择一种或多种不同方法，综合运用，灵活处理。

1. 讲解法

讲解法是最基本的写字教学方法，教师用语言来讲解写字知识、书写要领的方法。教师要充分利用板书、幻灯片、投影、生字卡等，讲清每个字的笔画、笔顺、间架结构以及各部分的比例关系，对难写或易错的笔画、部件更要加强指导，以引起学生注意。只有笔笔交代清楚、字字讲清结构，学生才能掌握正确的写法。教师讲解时应突出重点，解除疑难，语言要准确精练、通俗明白，有吸引力，富有启发性。具体而言，讲解法主要从以下方面进行写字指导：

（1）指导观察。观察就是古人说的"读帖"。指导读帖，可以根据教学内容的不同提出相应的要求，让学生有目的地去"读"，着重指导学生观察字的结构、笔顺、笔画位置及容易写错的地方。培养学生观察字形的能力，感知字形特点，感知字形结构，并在头脑中对所写字的字形进行定位，用儿歌让学生了解汉字在田字格里的位置，如"田字格，四条边，上下左右不靠线，把字写在正中间"。

（2）指导运笔。让学生掌握汉字笔画的运笔特点，也就是让学生掌握每一笔画起笔、行笔、收笔的基本方法、力度、速度等。

（3）指导辨析。让学生辨别并掌握同一种笔画的不同写法，如，竖分为"悬针竖""垂露竖"两种。同时，通过辨析让学生掌握偏旁部首的变化规律，如"林"的左边是"木"，把"木"中的捺变成了"点"，为第二个"木"留出空间。

2. 示范法

在讲解写字要领的同时，教师还要加强示范。特别是在学生初学写字阶段，教师一定要对每个生字进行示范指导。教师示范时应注意动作缓慢，可边示范边讲解，帮助学生看准字的形态，看清书写的过程，进而理解运笔造型的道理。引导他们眼看、耳听、心想，加深体验。

3. 观察法

观察法是教师有目的、有计划地引导学生用直接知觉去观察汉字的造型特点的方法。汉字的书写有一定的规律。教师应当要求学生"眼看"与"手写"相结合，只有引导学生细心观察，发现并总结规律，才能使学生把字写得既端正又美观。眼力的高低往往决定写字的优劣，学生一旦具备了细致观察的能力，就能举一反三，掌握汉字书写的规律。在具体的教学实践中，教师在引导学生观察时，应当让学生学会观察田字格中的范字、学会对比观察、学会教师的范字、学会观察同学的书写。

（1）学会观察田字格中的范字。田字格中的字是学生学习和模仿的范本，教师要引导学生认真观察这些字的笔画、结构，以及各部分在田字格中的位置，并努力记住它，尽力模仿。例如，在写"吃、唱、喝，和、如、扣"等字时，就要让学生观察、比较"口"字的不同摆放位置，进而发现以下规律："口"字在左边，要写得偏左偏高一点；"口"字在右边，要写得偏右偏低一点。

（2）学会对比观察，能自己区分形近字的细微差别。汉字中形近字较多，学生也最容易混淆，容易写错。为减少这种错误，教师应当从小培养学生的观察力，并教授给学生辨别形近字的方法。如：在写兔、免；己、已、巳；戊、戍、戌；戎、戒；卯、卵等字时，可将形近字罗列出来，让学生对比观察，找出其中的细微差别，教师也可自编口诀，便于学生更轻松地记忆。

（3）仔细观察教师的范写。在进行写字教学时，教师应当一边讲解一边示范。教师的范写是最直接的指导，要引导学生看清每一笔的运笔方法，并让学生试着这样写。在小学低年级阶段，教师的范写尤为重要，这既是指导书写的过程，也是巩固识字成果的过程。

（4）仔细观察同学的书写，学会评价。评价是一个有相当难度又相当重要的学习过程。在评价的过程中，学生会仔细观察，将汉字的正确写法与同学的书写进行对比、辨别，发现同学书写的优缺点，从而做出恰当的评价。只有观察仔细了，观察到位了，评价才能恰如其分。在整个写字教学的过程中，教师都应当引导学生进行自我评价或相互评价。评价的过程，也是自我提高的过程。

4. 书空法

书空是按照生字的笔顺唱读笔画名称，同时以食指在空中进行模拟书写的写字练习活动。书空时学生的眼、口、耳、手一起协调活动，有利于集中注意力，精确地掌握字形结构，笔画笔顺，提高识字、写字教学效率。在小学低年级阶段，书空尤为重要。书空法有一定的局限性，书空不能替代写字，会书空，不等于会写字，汉字的间架结构和笔画的书写规则等还是需要依靠写字练习才行。因此，教师应当将书空法与其他写字教学方法一同使用。

5. 描红法

描红是在印好的红色范字上进行描摹的练字方法。在描红前，教师要先讲解范字的书写要领，最好一边范写一边讲解，引导学生观察范字在田字格中的位置、大小、笔画、间架结构。也可让学生用手指做"书空"练习，熟悉范字的笔画、笔顺，掌握运笔的轻重、快慢、起止，做到心中有数。在描摹的时候，要求学生运笔要连贯，每一种笔画要一笔成形，不能中途停笔，更不要反复涂改。对于初学写字的学生来说，描红可以帮助他们掌握汉字的书写要领，了解汉字的部首比例，笔画的长短粗细、穿插避让，字形的大小、位置等。但是，描红法不宜长用，一般在小学低段使用，应逐渐过渡为临写。

6. 临写法

临写是指在老师讲解示范的基础上，学生对照字帖自行临摹练写。临写是写字教学的主要部分，也是学生写好字的关键。

在临写之前，教师应先对范字进行讲解、示范，并引导学生看清楚范字的结构和笔画，观察范字在田字格中的位置——字的上下左右与四面格线的距离，观察范字的形状和大小——方与扁、斜与正、长与宽、大与小。重点引导学生观察范字的每一个笔画、每一笔画在田字格中的位置以及笔画之间的相互关系。汉字每一个笔画的长短、弯度、弧度、角度都很有讲究。在书写时，教师应要求学生不能看一笔写一笔，要一气呵成。写好之后，让学生将自己写的字与范字进行认真细致的比较，找出差距。然后根据存在的缺点，认真修改，反复书写，直到满意为止。

7. 多媒体辅助法

运用多媒体课件辅助教学，直观形象，富有动感，能激发学生的兴趣，更好地掌握写字方法与技巧，有效地提高教学效率。

教师可以运用多媒体解析基本笔画，呈现汉字的间架结构。不同结构的汉字，其书写的规律不同。教学中，教师可以利用视频指导学生观察、分析字的构成，掌握字的间架结构。写字教学中笔法的讲解是一大重点和难点。教师可运用多媒体展示写字的动作和字迹变化过程，特别是点画的轻重，起笔、行笔与收笔的动作，笔杆、笔尖在书写中的运动变化，指、腕、肘配合的动势节奏，转折、停顿与提按的和谐统一等。多媒体的 Flash 动画能使汉字笔法的学习更直观、生动，更能引起学生的注意，增加学生的学习兴趣。

但是，多媒体只是辅助教师的教学，教师不可完全依赖多媒体，而忽视了板书和范写。小学生具有较强的向师性和模仿性，教师的示范异常重要。因此，在写字教学中，教师应当适时板书，引领学生一起书写，为学生树立良好的榜样。

8. 熏陶法

熏陶法是在写字教学过程中，教师运用多种教学手段，对学生进行熏陶感染，逐步培养学生审美趣味，引起审美心理的逐步变化，调动学生对写字、书法的兴趣。

教师可给学生讲古今中外书法家的故事，如"程邈创隶书""萧何深思题匾""张芝临池学书""王羲之书竹扇""王羲之教子习书法""王羲之吃墨""柳公权发奋练字"等。教师也可将书法家的优秀书法作品制作成 PPT，再配以古典音乐，学生一边聆听着《高山流水》《春江花月夜》等古典名曲，一边欣赏着名家书法。也可以在教室内张贴文学艺术书法作品等，将教室布置得具有浓厚的书法氛围。通过营造种种书法氛围，学生潜移默化中受到美的熏陶，写字的兴趣油然而生，争当书法家的良好夙愿有可能在他们幼小的心底也悄然生根。

以上方法是基本的写字教学方法，在实际教学中，每种方法都不能孤立地使用。教师应当根据学生的实际情况，根据不同的教学内容，综合运用各种教学方法。

四、小学语文识字与写字教学的策略

（一）把握"会认"与"会写"的不同要求

为了减轻学生学习负担，鼓励学生多认字、早阅读，语文课程标准对识字、写字提出了"会认"和"会写"两种不同的要求，实行认写分开、多认少写，要求会认的生字不一定要求会写。第一学段要求会认 1600 个、会写 800 个，第二学段会认 2500 个、会写 1600 个，第三学段会认 3000 个、会写 2500 个。对于"会认"的生字，只要求学生能认识，在本课文中或其他语言环境中能够再认，不要求抄写、默写。对于"会写"的生字，要求学生读准字音、认清字形，按照笔画笔顺正确书写，结合语言环境和生活实际理解字义，并尝试在口头和书面表达中运用。

（二）遵循小学生的心理特征和遗忘规律

小学中低段儿童有其特有的心理特征，主要表现在思维、记忆、注意等方面。在思维方面以具体形象思维为主，抽象逻辑思维不够发达；在记忆方面，无意识记、机械识记、具体形象识记仍起着重要的作用，而有意识记、理解识记、抽象逻辑识记正迅速发展；在注意方面，无意注意占优势，有意注意正开始发展，易受到新鲜事物的刺激与影响，注意时间不够持久。另外，儿童还具有较强的好奇心，喜欢玩游戏，擅长模仿。因此，教师在进行识字教学时，应尽可能采用直观形象的教学手段、变换教学方法，尽可能给学生展示实物、模型、图片，或者播放动漫、视频，或者做游戏、现场表演等，以适应儿童的思维，吸引儿童的注意，强化儿童的记忆。

（三）正确、科学地解读汉字

汉字是表意体系文字，是音、形、义三者的统一体。汉字一字一形，数量大，且同音字、多音字、多义字、形近字较多，难以辨析。教师在进行识字教学时，能够根据汉字的构字方法进行教学，科学地解读汉字，提升学生的识字能力。

在识字教学中，教师若能正确地分析汉字的形体构造，科学地解读汉字，这不仅能让学生把握汉字形体、结构、部件和笔画的特点，轻松习得汉字，也能让学生体会到古人造字的巧妙，感受到中华民族的伟大智慧，引发热爱祖国语言文字的感情，激发主动识字的兴趣和强烈愿望。

（四）运用多种方法认识并巩固生字

识字教学时，教师宜采用多种方法认识生字和巩固生字，不仅要让学生读准字音，还要让他们记住字形、了解字义，帮助他们建立起音、形、义三者的联系。

在识字教学时，教师应根据学生的心理特征和不同年级的识字要求，采用恰当的、多样的识字方法。为了巩固识字效果，教师可以在识字教学中让学生借助拼音认一认、去掉拼音认一认、打乱顺序认一认、回到课文认一认、换个地方认一认、做做游戏认一认、扩展阅读认一认等。同一个生字以不同的方式出现，在不同的地方出现，在不同的语境中出现，如此反复多次，不断重复，以加深印象，巩固识字。

（五）引导学生在生活中识字

识字教学不应仅仅停留在课本上、课堂上，应充分利用课本以外、课堂以外的其他资源，还应鼓励学生家长参与到识字教学中来，以帮助学生巩固识字效果、扩大识字量。教师和家长可以引导学生通过认记老师、同学的名字，教室、办公室、实验室的门牌，教室里的标语、黑板报，校园的标语、横幅；可以通过看电视、阅读儿童读物识字。只有让识字源于生活，又回归生活，才能让汉字真正地活起来，才能让学生深切感受到识字的实际意义，体会到汉字的重要作用，享受到识字的成功与快乐。

六、小学语文识字与写字教学的评价

第一，评价应以鼓励为主，要有利于激发学生识字、写字的兴趣。

第二，汉语拼音学习的评价，着重考查学生拼读、认读音节的能力，发音的准确度，普通话的流利与标准程度。

第三，识字的评价，着重考查学生独立识字、借助工具书查检字词的能力，认清字形、读准字音、辨别字义、准确运用的能力。

第四，写字的评价，着重考查学生对 2500 个一类生字的掌握情况，关注学生写字的姿势与习惯，重视书写的质量，要求写好基本笔画，遵守笔顺规则，安排好间架结构，力求正确、端正、整洁、美观。关注学生用毛笔临摹、书写楷书的情况，体会汉字的优美。

第三节 基于核心素养的小学语文词语教学设计

小学教育一直是社会各界高度关注的对象，为了在长期教育工作中取得更好的成绩，必须在小学语文词语教学方面不断地改善。"核心素养的理念融入，一定程度上打破了教学的不足，更好地丰富小学语文词语教学的内容，引导小学生在语文的词语掌握上，结合自身的优势来开展，提高了教学的效率、教学的质量，对小学生的素养巩固产生了更好的效果。"

当前的时代教育发展不断加快，为了在小学语文词语教学方面得到更好的成绩，必须在教学的各项理念实施上，采取合理化的思路来调整，促使小学语文词语教学的前进，能够按照预期设想来不断完善。词语教学的内容比较多样化，教师需要结合各项教育理念的标准，对小学语文词语教学的内容进行全面整合，让学生在语文知识的学习和感受上，能够在内心产生较多的共鸣，督促小学生在语文的学习内涵上不断丰富。基于核心素养的小学语文词语教学策略具体如下：

一、根据学习经验，采用多种方法理解词语

随着教育理念的不断调整，小学语文词语教学的开展，一定要从不同的角度来探究，所有的教学策略、教学手段，都要给学生带来不一样的体验。小学语文词语教学的目的，是希望小学生在词语的学习上，能够按照科学的方式来转变思维，让小学生在词语的综合积累上不断进步，要站在多个角度来思考，并且在词语的综合学习模式上更好巩固。所以，小学语文词语教学的过程中，一定要在学习经验上合理地调动，坚持按照多种方法来理解词语。

例如，在《只有一个地球》的教学过程中，对于词语的教学要考虑到文章的标题和内容。"只有"这个词语在讲解的过程中，起到的是强调作用，与"独一无二"具有相近的

意思，只不过一个是成语，另一个是普通的词语，通过联合讲解模式，让学生更好地掌握词语的强调意思。"地球"是一个名词，是我们共同生存的家园。"一个"是数量词，这个需要重点地讲解和分析，数量词的单位对学生而言非常重要，"一个人、一个地球、一辆车、一束鲜花"等都是数量词，但是在单位上存在较大的不同，在数量词的应用过程中，要懂得搭配正确的数量单位，这样才能在文章的学习和形容上更加准确，促使文章的学习内容不断地健全，在各类问题的综合解答上更加准确。《只有一个地球》的教学，要让同学对不同的词语正确地解答，并且做好笔记。

小学语文词语教学的难度并不低，很多词语虽然可以让小学生去背诵，但是对于小学生来讲，他们的学习能力并不高，还需要不断地积累学习经验。因此，要尽量站在小学生的角度来思考，观察他们在词语的学习过程中，是否能够按照合理化的方式来调整，要尽量让小学生在词语的学习思维上更好地转变，对自身的学习能力不断优化，这样才能在语文的学习过程中得到更多的感悟。

二、重视交流提升，实现学生阅读自我监控

现阶段的小学语文词语教学，必须在教学的过程中，按照交流提升的方法来完成。很多教师习惯性地按照个人的思维和经验来教学，对小学生提出了较为严格的要求，而且整体上没有对教学的综合内涵较好地巩固，造成的教学局限性是非常高的。此时，一定要对小学语文词语教学的内容更好地调整，给学生带来更多的思考，让学生在语文的阅读过程中，不断地对词汇进行积累。例如，每天在语文阅读的过程中，让学生自己选择阅读的材料，对材料当中的各类词汇进行查找，每天积累五个不懂的词汇。这样在学习和积累的过程中，能够按照积少成多的模式来完成，不仅可以借此让学生在词语的学习效率上提升，同时在词语的学习兴趣上也可以更好地改善。

三、注重有机融合，多向落实语文教学要素

我国在小学语文词语教学的过程中，为了更好的巩固学生成绩与素养，必须在教学的综合手段上不断创新。词语的积累和融合，应按照有机原则来开展，尽量给学生带来更好的体验，让大家在语文的长期掌握、长期积累方面不断创新。有机融合的难度并不低，要坚持在语文要素的落实过程中，给学生带来正确的解读方式。

例如，在《月光曲》的教学过程中，学习词汇的同时，需要对文章描述的意境充分地掌握，很多教师在教学的过程中，习惯性地按照传统的教学方法来开展，并没有对小学生的学习潜力更好地激发。对于"月光曲"的词语分析，要懂得让学生自己来创造词语。例如，"月光"是一个名词，但实际上也具有形容词的意味，因为月亮本身是不会发光的，

我们看到的月光是月亮折射的太阳光线，所以月光也是大家创造出来的词语。月光是创造的，那么月光是否会吟唱歌曲呢？答案是否定的，可是在人类的思维和想象过程中，月光在某些特定的意境下，可以给人一种无声歌曲的感觉，所以"月光曲"本身就是词语的创造，可以看作是一种比较特殊的修辞手法。学生可以尝试对不同的词汇重新组装，拓展自身的词语学习体系。

四、优化课堂教学，顺利开展语文教学工作

随着教育理念的调整、教育方法的创新，小学语文词语教学的实施能够按照合理化的思路来转变，各方面的教育工作开展，告别了传统教学的不足。但是，考虑到未来的教育要求比较高，因此在课堂教学的优化力度上必须进一步地提升，这样才能在长期教育的开展上取得更好的成绩。小学语文词语教学的开展，必须在课堂的塑造过程中，按照多元化的模式来转变。例如，采取多媒体技术来塑造情境课堂，让学生在词语的学习和掌握过程中，结合对应的情境来记忆和分析，不仅在小学生的内心产生了较大的触动，还可以让他们在语文的学习兴趣上不断提升，相比传统的教学手段，可以给小学生带来更多的指导。小学语文词语教学的课堂优化，应从不同的思路来出发，在长期的教育工作开展上做出更多的保障。

现如今的小学语文词语教学，不仅在体系上不断健全，同时在教学的综合思路上能够较好地创新，对于小学生而言，对语文词语的学习不再出现严重的排斥，而是按照正确的角度来思考和解读，这就会帮助小学生在长期的学习、长期的进步中取得更好的成绩，而且在自身的学习理念上，能够进一步优化。日后，应继续在小学语文词语教学的方案上科学地改变，对小学语文词语教学的效率、质量不断强化，从不同的层面来探究，为教学的综合进步奠定坚实的基础。

第四章 基于核心素养的小学语文内容教学设计

第一节 基于核心素养的小学语文阅读教学设计

一、基于核心素养的小学语文阅读教学育人价值

小学阅读教学作为一种智力活动，是为了对学生的阅读能力进行培养和提升，以教学目标作为指导思想，围绕学生阅读需求的实现、阅读能力的提升，利用科学手段有计划地开展教学活动的形式。语文阅读教学将教师和学生、教科书的编者以及文本内容之间形成紧密的关联，开展对话和互动，着重从学生思想上和心理上收获更多的个性化体验和主观感受，推动学生朝着健康和主动的方向全面发展。

学生通过阅读教学让自己收获精神品质和能力以及感受体验，从而推动自身的健康成长和全面发展，这是小学阅读教学的育人价值，也是对学生阅读需求的进一步满足。小学语文阅读教学所包含的独特的育人价值还体现在——学生通过阅读对古今中外的文学更加了解，对听说读写能力基本掌握，提升了自己的人际交往能力，坚定了学习和传承中国文化的信念和意识，对祖国文化和文字的热爱之情进一步增强；有利于帮助学生对想象力和创造力进行培养，学会辩证地认识身边的事物，并且能够妥善地处理；增强学生的人情味，用真挚的感情对待身边的人，关爱他人的情感和能力增强。

（一）小学阅读教学育人价值的重要意义

小学语文阅读教学涉及学生、教师以及阅读教学资源，下面分别从三方面分析语文阅读教学育人价值实现的意义：

1. 教师专业发展的需要

教师的专业成长是小学语文阅读教学育人价值实现的重要因素，与此同时，教师的专业成长过程中受到了小学语文阅读教学育人价值实现的推动影响。教师在这个过程中就理

论知识不断开展学习，自己的育人敏感性得到显著提升。就育人价值方面涉及的相关理论知识中，教师对学生成长的需求进一步明晰，对学生的成长发展规律更加了解，有利于推动教学的高效开展，从而促进育人价值的实现。通过对育人价值可实现程度需求的深层次理解，教师不断学习，让自己的专业学识更加丰富，在心理学知识和语文学科阅读教学以及教育学等领域推进的最新改革工作和开展的教学应用，让教师的站位不断提升，更加深刻认识和理解育人价值，推动育人价值实现的高效性。

在阅读教学活动中，教师扮演实施者和设计者的角色，为了推动小学语文阅读教学育人价值高效实现，教师在育人价值实现的相关教研活动中积极参与，通过使用教学资源指导学生活动，设计阅读教学和设计作业、语文专题活动的开展等各个环节，不断提升自己的专业能力，将育人价值渗透到活动设计和活动实施的各个环节中。

教师在语文阅读教学中扮演研究者的角色。深入研究教学体系，结合自己的专业能力和理解力，就小学语文阅读教学形成了自己的独特认识，并且不断进行深入的研究和反思，对学生的发展需求更加明晰，对教学的育人价值深入挖掘，对教学设计不断完善，而在这些实践过程中，教师的专业素养和教育研究能力也得到明显提升。

教师在育人价值实现的活动和过程中，不断学习理论知识，并且积极向其他专业能力更强、经验更加丰富的教师进行交流和学习，在与学生进行互动时，积极向学生学习，从学生身上收获其他方法和教学经验，推动自身学习能力的提升；在实现价值时，教师一方面要加强自我学习和探索研究能力；另一方面要发挥团队的作用，与大家团结协作，提升自身的团队合作意识和能力；在教学中师生关系是重要内容之一，育人价值的实现要求自由和平等的师生关系，这能帮助教师在人际交往能力方面得到很好的提升；生命成长是育人价值实现的重要关注内容，教师只有对生活加强关注，才会结合生活感受和阅历选择合适的教学资源，从而走进学生的生命，推动育人目标的实现，也提升了教师在资源选择方面的自如性和灵活性；如今，在学校教育中越来越多的多媒体技术应用其中，教师要增强自身运用多媒体技术的能力；成长过程少不了反思，教师生命的成长和学生生命的成长也是育人价值实现的过程，进一步提升教师的反思能力。

2. 学生全面发展的需要

实现小学语文阅读教学育人价值其实是开展教育实践活动，就学生的角度来说，这表示他们通过学习语文阅读，将内化语文阅读的教学育人价值，推动自身朝着健康的方向成长和全面发展。

实现育人价值也是为了让学生的成长需求得到满足。对学生的成长和发展来说，小学语文阅读教学产生了重要的影响，实现育人价值也是以学生的生命成长作为根本出发点，帮助学生对语文素养进行培养和提升。实现小学语文阅读教学育人价值就是让处于理论层面的语文阅读价值向现实价值进行转化，使之更容易被学生接受。同时，学生的语言交际能力、思维方式和道德品质以及思想情感在价值转换的过程中得到良好的提升，满足他们的自身发展需求，与现实社会生活的需要更加适应。

育人价值的实现是一个过程，育人价值也是在过程进行中获得实现，学生在实现育人价值过程中的体验和感悟是其主要关注内容，而不仅是学生当下和今后的状态。学生和教师共同开展的学习生活过程是完成育人价值实现的有效途径。实现小学语文阅读教学育人价值的过程中，学生对文本内容进行接触，对课堂教学活动积极参与，在课外开展阅读实践活动，在每一个学习环节中亲自经历和体验，从而收获更加丰富的阅读体验和感受以及独特的生命体验。

育人价值的实现相当于生命实现。学生通过教育对天地万物和真理以及知识更加了解，对社会各类事物包含的发展规律和规范更加熟悉。通过开展育人价值实现的教学活动，每一个学生作为一个个独特的生命个体，积极参与其中，个人能力和素养的提升都是属于自己的独特发展，通过提升育人价值和基础性育人价值的实现，每一个学生都各有所获，这就是实现生命的过程。

3. 小学阅读教学改革的需要

（1）要坚定教师的小学阅读教学育人观。让学生充分发挥主观能动性对发现问题、解决问题、寻求知识、独立探索和获得发展的方法进行寻找，以便实现育人目标，未来面对社会时才具备更强的独立性和判断能力。所以，教师要对育人和知识的关系进一步明晰，为了实现人的全面发展和成长，传授知识是有效方式之一。在教学过程中应该将学生的主动学习与掌握技能、养成思维、激发情感和掌握知识相融合，从而推动学生的健康成长，才能保障语文阅读教学育人价值的实现。

人始终在阅读教学的首位和主体位置。实现育人价值必须在课堂教学中让学生积极主动参与，教师、学生与文本的双向互动过程中便生成了育人价值，分析文本价值和学生的需求是生成育人价值的基础，将有价值的内容传授给学生。

帮助学生培养和提升听说读写的语文基础性能力是语文阅读教学的主要价值，通过这些能力，将学生敏锐的感受力、丰富的想象力、细心的观察力和深刻的思维力以及和世界交往的较强心理能力培养和发展起来，从而推动提升育人价值的实现。在小学语文教学中，语文阅读教学是重要构成部分，通过向学生传授知识，积极作用于学生的思想情感和表达能力，让学生具备的听说读写等语文能力不断增强，让他们与世界交往的心理能力和互动能力不断提升，从而真正提升自己的独立思考能力。

一旦教师对育人教学价值观十分坚定，就会重点关注学生的生命整体性，具体而言，主要有学生认知的、信仰的、生理的、行为的、价值的、心理的、物质的和社会的以及精神的等方面内容。基础教育阶段是每个学生生命中具备强学习能力的阶段，具有非常大的发展潜力，存在无限可能，教师要对小学语文阅读教学育人观更加坚定，为学生未来的长远发展和全面发展奠定坚实的根基。

（2）在小学阅读教学设计中体现育人价值。实现语文阅读教学育人价值相当于一种教学实践活动的开展，教学过程是语文阅读教学服务于学生、对全体学生产生价值的重要方式，教学过程实现的重要前提是教学设计。

应该在实施学科教学的过程中开发育人价值。保障教学顺利实施的首要条件在于教学设计的有效性，将育人价值包含在设计中，才能在实施过程中将育人价值体现出来。有些观点表示，在课堂教学活动之前提前规划和设计好的活动，便称之为教学设计，预先将教学设计工作做好，才能让学生的特点被教师注意和发现，推动教学过程和教学评价以及课堂教学目标的统一，进而促进课堂教学过程和效果最优化。在教学实践过程中，经过精心设计后开展的一堂阅读教学课程，不仅能将学生的学习能力和学习基础作为重要因素考虑的一方面，还能选择出更加科学合理的教学方法，将文本的育人价值充分发挥出来，合理预设课堂活动，给予学生一定的时间和空间在课堂上表现自我，实现良好的师生互动，并推动师生关系朝着健康和主动的方向发展。

（3）保持小学阅读教学过程的高效性。从育人的角度来看，阅读教学课堂应该具备开放性的特征。学生在课堂中积极主动参与，获得更多的学习主动权，能够与教师和同学进行互动和对话，能够对支持的内容进行思考和质疑。在教学过程中，教师要对学生的学习活动进行关注，给予他们一定时间和空间进行自主学习，以学生的经验作为出发点，将具有一定挑战性的情境提供给他们，刺激学生提高学习的主动性。

学生在学习过程中充分发挥自主性，要将自身的生活经验激发出来，重新组合经验，散发思维，推动更丰富的认识和能力的产生；把自己置身于真实的情境中，与教学内容相融合，增强运用知识的灵活性，加强与内容的互动形成更多新的想法。教师安排和设计各个教学环节时，要改变以往灌输式的教学方式，发挥引导作用，用拓展代替练习，用延伸代替巩固，让学生提升自己的创造能力和迁移能力及应用能力，推动教学过程高效性的提升，从而让教学育人的价值成为现实。

高效的沟通和互动是良好师生关系的体现，学生和学生之间、教师和学生之间的沟通并不仅仅是对问题做出回答，而是深入探讨与问题相关的更深层次的内容。教师要将自身的教育能力和素养以及智慧充分发挥出来，对学生在教学课堂中的收获进行捕捉；学生进行学习的过程中，教师要对他们的学习状态加以关注；一旦学生遇到了难题，教师要及时开展有效的辅导；通过学生自主学习反馈出的一系列内容，例如学生的提升空间、遇到的难题、部分学习的出色表现和共性问题等，教师要增强捕捉能力，再将这些内容放到师生交流环节，并且按照一定的方向和目的进行转化，推动学生学习能力的提升。

在处理教材内容方面，教结构和用结构是小学语文阅读教学比较适合的方式。对教学内容进行把握，对教学方法的结构进行学习，帮助学生对学习使用的工具进行掌握。对某一个单元进行学习时，要对课文教结构进行精读，学生在发现学习和精读学习的过程中，将学习方法体系和知识体系逐渐建立和完善。对课文用结构进行略读，让学生以本单元所学习到的知识和内容为基础，对与之相关或相似的内容开展主动学习。例如，学习课文《纪昌学射》，把复述课文的工具教授给学生，此后，学生就能对复述课文这类学习任务独立完成和解决。

对教材包含的育人价值进行深度开发，可以从教学活动和内容本身以及教学方法着手。对教材内在逻辑进行长效解读，还要对课文中包含的具体方法和知识结构进行分析；以教材中涉及的基础知识、基本能力为核心，把之前当作目的的双基，发挥育人的内容载体和目的的双向角色功能，在用教材的前提下，对问题进行重新设计。对解决问题的方式和渠道进一步明晰，一方面对知识进行学习；另一方面促进思维品质的提升。

当前，正在深入推进课程改革，在教学过程中教师的教学观念和教学方式发生了较大的改变，大部分教师的课堂都利用自主学习和合作探究相融合的课堂组织形式，从形式上来看为育人价值的实现奠定了良好的基础，但是在实现育人价值的有效性上还存在一定问题。就鼓励学生进行自主学习方面来说，教师以学生作为主体创造的情境不能将学生的生命体验完全激发出来，无法将学生学习的积极性充分调动起来。教师在教学过程中虽然对学生的学习活动进行设计，但是在课堂教学中，没有给予学生充分的思考和学习时间，无法让他们表现自我。就处理教材方面来说，在解读结构化上存在不足，往往都是围绕一课内容，没有将前后课文内容相连接，无法帮助学生对知识的完整性进行构建，也不能逐步提升学生的能力。综上所述，进行小学语文阅读改革势在必行。

（二）小学阅读教学育人价值的实现策略

1. 提升学生学习的主体意识

（1）回归主体，激发学生主动性。学生是实现主体，学生同时也是育人价值的实现目标和实现主体。因此在教学活动中，教师要充分尊重学生的主体地位，还要将学生学习的主观能动性和积极性激发出来，让学生对学习充满激情和热情，提高参与学习的主动性，从而推动实现育人价值，可以从以下几个方面考虑：

第一，充分发挥教师的引导作用，让学生形成积极向上的健康人格。学生在开展学习活动之前，必须持有阳光积极的心态对待学习，语文阅读学习也是一样。以悲天悯人的情怀和积极向上的健康人格才能激发出学生走进文学天地的兴趣和热情，通过让他们感受诗意生活，从而积极学习语文。教师对学生信息的捕捉要从课堂表现和日常表现两方面着手，对他们在阅读学习方面普遍存在的问题进行发现，需要的时候利用心理辅导的方式，干涉他们在学习中产生的懒惰和依赖等行为，让学生以健康的心态和心理在阅读学习中积极参与。

第二，在学习活动空间中营造平等自主的良好氛围。开展阅读教学的重要场所是课堂，这也是教师和学生生命的重要交会点，也是增强师生互动、推动各自健康成长的重要地方。有序开展教学活动的重要前提是良好的师生关系，对学生在学习过程中积极发挥主观能动性的行为进行鼓励，必然少不了将平等自主的学习活动空间提供给他们，让他们在学习中积极参与。教师将宽松自主的课堂学习活动空间提供给学生，发挥自己的引导作用，让学生主动在阅读文本中"遨游"，积极享受阅读之美，在丰富的阅读活动中积极参与，切实感受到阅读的快乐和魅力。

第三，对学生在语文阅读学习方面的热情加强关注。教师将自身教学的魅力发挥出来，学生秉持积极阳光的学习心态，教师结合具有自身独特风格的教学方式，提升学生对课程的兴趣，让学生在阅读学习中充满期待和希望，在课堂学习中投入更饱满热情，这些都能够将阅读学习的热情激发出来。同时，在课堂教学过程中教师要对学生的情绪变化增强敏感性，将学生的饱满情绪把握住，给予学生在课堂教学中将自我充分展示出来的机会。在教学过程中不同层次的学生完成的学习任务有所区别，但是每个学生通过阅读学习都有一定收获，从中收获语文阅读学习的自信和快乐。

（2）体验学习，重视学生的学习过程。学生利用大脑对外界的文字信息进行接受，并且用大脑吸收和理解这些文字信息的过程性活动便是阅读学习。学生在阅读学习过程中亲身经历，才能在情感方面深刻感受到阅读带来的影响，从而获得更加扎实的阅读能力。

第一，对以合作探究为主的学习活动方式积极倡导。对探究内容进行合理选择，将学生已经具备的知识经验和学生的心理发展特征作为合理选择探究内容的重要因素，从学生的角度来说，选择更加具有思考空间和价值的探究内容，让处于各种学习水平的学生都能获得提升。通过问题将思考引发出来，利用合作探究的方式收获更加深刻和丰富的理解，例如赏析人物品质、分析作者的情感。此外，教师要在合适的时机发挥引导作用，在学生自主探究时进行合适的引导和点拨，推动学生的思维走向更深的层面，深入开展以文本为核心的探究活动，逐渐将教学目标实现。同时，教师要将合适的课堂环境提供给学生开展合作探究学习，给予他们一定的时间和空间进行探究，以便有效开展探究活动；推动小组合作学习机制的规范建立，发挥帮助作用和引导作用，让学生合理制定小组合作制度，提升自己的合作能力。学生的思维能力和表达能力在合作过程中不断提高，增强了和他人合作的意识，推动育人价值实现。

第二，对学生学习过程中产生的发散性思维充分尊重。在如今的教育中，更加关注培养学生的发散性思维。在阅读教学中为学生创造良好的思维空间和思维情境，把他们丰富的想象力激发出来，对问题进行创造性和个性化思考，促使良好独立思考习惯的形成，让思维更加丰富。学生的素质随着学生大胆发散性思维的形成不断提升，进而促使提升性育人价值逐渐实现，这对于学生的思考来说非常重要。

第三，发挥引导作用，让学生对学习的快乐充分感受和体验。学生的成就需求和情感需求以及认知需求能从小学语文阅读教学中得到满足，让学生充分体验和感受语文阅读学习的过程是学生成长需求得到满足的前提，越是在学习过程中不断深入，学生生命成长从语文阅读学习中获得的满足感越是不断增加。语文阅读过程更加强调个性化体验，所以，学生从阅读中也获得了个性化的收获。在阅读教学中，教师要积极发挥引导作用，对学生的个性化解读、深入阅读进行鼓励，对学生关于阅读的独特感受和理解充分尊重，不能将自己的个人理解强加给学生，要让学生结合自己的理解和感受获得独特的阅读体验，充分感受语文阅读学习的快乐。

第四，评价方式要更加灵活多样化。在小学语文阅读教学活动中，学生对阅读学习的态度会受到教师评价方式的影响，教师的评价方式要合理和灵活。不仅要在课堂教学活动中增强使用语言的激励性评价，还要激发出学生参与课堂活动的积极性。减少使用分数进行评价的单一形式，增强描述性语言评价方式的使用，让学生通过评价收获更多与学习过程得失相关的信息和建议，从而用更加积极的心态对待学习。在评价主体方面，纳入同伴互评和家长评价，实现评价主体的多元化，让学生获得更多的鼓励和积极影响，对学习过程更加关注。

第五，对学习体验过程的总结和反思环节加强重视。体验了语文阅读学习过程之后，要让学生及时进行反思和总结，通过总结和反思，让学生发现和查摆自己在语文阅读学习过程中存在的问题，让学生深层理解语言结构，对进行语言表达和语言运用的合理经验进行总结。推动学生个人的健康成长和全面发展，将学生在学习过程中养成的独立思考和独立自主能力充分表现出来。

（3）感悟生活，开阔学生的视野。语文阅读教学与生活息息相关。学生要做生活中的有心人，把自己的生活经验和认知能力与语文阅读课堂的情景相结合，从而更好地理解知识和建构知识，利用语文阅读对生活进行感悟；在生活中进行阅读，就是要学生从生活中对适合阅读学习的素材进行挖掘和发现，从而在阅读学习的生活体验方面收获更多。

教师在开放式阅读教学方面要积极构建。所谓开放，是对学生的阅读内容进行拓展，从阅读教科书向课外读物进行拓展，从认识书中的某一位作者，拓展到在课外了解这位作者的其他作品；从阅读书中的某一类型文章，拓展到利用课外时间对同类型的其他文章进行阅读；从学习书中的某一个知识点，拓展到利用课外时间学习该知识点延伸的其他内容。如此一来，便有利于提升学生对信息的选择和搜集能力，开阔了学生的阅读视野，让学生对课外知识的求知欲得到满足，提升学生的课内阅读综合素养，推进学生的全面发展。课程的综合性也是开放的主要内容之一，从单一的语文学科向与之相关的美术和音乐等课程拓展，让学生从更多学科角度调动其他感官对阅读进行感受，将学生的学习热情激发出来。特别是在古诗词教学课程中，通过诗词和歌曲相融合的方式，让学生充分感受作品中包含的丰富情感。课程的实践性也是开放的主要内容之一，推动学生提高学习的动机，课堂和生活实践都是学生经历学习体验的重要方式，在生活实践中呈现学习成果，最大化地实现课堂阅读教学育人价值。例如，学生在日常生活中对车站时刻表进行观察、对商品说明书上的文字进行阅读，从而提升了对非连续性文本的阅读能力，文字理解能力和运用能力也进一步提升。

2. 加强语文教师的专业素养

（1）提升对阅读教学育人价值的认识。要将小学语文阅读教学育人价值的实现程度提升，首先要以教师提升作为切入点进行提升，加强让教师加强学习小学语文阅读教学育人价值相关理论知识的力度，推动自觉认识语文阅读教学育人价值意识的提升。一方面让教师加强学习专业知识及其相关的专业理论和政策，包括教育学和心理学在内的语文学科的教师专业知识、涉及教育教学工作的相关方针政策以及指导性文件；另一方面，要围绕新基础教育学派对相关的书籍和理论进行阅读，实时掌握最新的研究动态。通过阅读刊物、网络动态信息和相关著作，加强教师在育人价值方面的理解和领悟，推动其育人理论水平的提升，让教师在教学过程中不断实践、深入反思自己。在语文阅读教学育人价值方面，必须提升教师的理论水平，加强自觉认识，才能在阅读教学过程中有效体现出育人价值。

（2）深度挖掘小学阅读教学的育人价值。语文阅读教学课堂是实现语文阅读教学育人价值的手段和方式，特别是小学语文教师要在教学过程中研究语文阅读教学育人价值，形成深刻的认识和理解，同时，从不同的角度对语文阅读教学的育人价值进行挖掘，从而在学生的生命成长中发挥积极的推动作用。

教师要以教学内容作为出发点，对小学语文阅读教学进行深度挖掘。小学语文教材中包含了许多类型的文本，如说明性短文、记人记事的记叙文、民间传说、寓言故事、儿歌、儿童生活故事、诗歌、童话故事和浅显散文等多种类型，在学生的生命成长过程中这些文本的价值特征便呈现出来，也可以在教学过程中，从不同的角度出发进行研究，例如语言风格角度、情感角度、文体角度和文本表达特征的角度，将其中包含的育人价值挖掘出来。对教学案例进行精细打磨，扎根课堂，结合具体教学实践对育人价值进行探索，实现育人价值。

教师对小学语文阅读教学育人价值的挖掘可以从阅读教学的工具和方式上着手。一般而言，小学语文阅读教学中常用的教学方法主要包括朗读法、课堂讨论、查资料和联系实际体悟文本等。将阅读教学中使用的教学方法和教学工具所包含的丰富育人价值进行主动发掘，进而推动小学语文阅读教学课程品质的提升。

教师对小学语文阅读教学育人价值进行挖掘还可以从阅读教学活动方面着手。在课堂教学中，给予学生充分的活动空间，开展多样化形式的教学活动，推动学生健康成长，将小学语文阅读教学活动育人价值和功能体现出来。学生最喜欢的学习形式是表演，这也是低年级开展教学活动最常使用的教学形式；排演课本剧，不仅能够让学生对语文知识的理解进一步加深，还得让学生通过活动增强团结协作的意识，学会在活动中对他人进行照顾，服从集体。教师在小学语文阅读教学实践中要善于探索和发现丰富的课堂活动形式和组织。

3. 完善阅读教学方案的设计

（1）全面了解学生，做好学情分析。在小学语文阅读教学过程中，学生作为教育对象占据核心地位，发挥重要作用。教师在设计阅读教学方案之前，要对学生进行全面了解，分析学情。具体而言，分析学情主要从三方面入手：一是分析学生的潜在状态；二是解读学生未来发展的可能性；三是分析学生已有的知识储备。

分析学生的潜在状态要与具体教学内容相结合，对学生在学习过程中可能会遇到的情绪上的问题或知识理解上的问题进行详细分析。例如学生在阅读学习过程中可能会产生的消极情绪和积极情绪以及其他情感问题、遇到的一些阅读问题。一方面，在备课环节中，要结合阅读内容的特征，预设学生在学习过程中可能会出现的一些情况或问题；另一方面，在课堂教学活动中，教师要对学生认真观察，及时将学生的课堂学习情况和情绪状态进行掌握，从而对自己的教学方式进行调整。

解读学生未来发展的可能性，是指分析学生在阅读教学过程中可能会获得的情感和能力及知识，教师要把学生已有的知识储备及前面的学习状态和经验等情况相结合进行深入分析，对学生的发展空间进行预估，不断提升学生的能力。

分析学生已有的知识储备。主要包括分析学生储备的生活经验和知识方面等内容，对不同学生在学习前的情况差异充分掌握。教师要以课程标准中设置的不同学段目标和教学经验作为依据，初步判断学生的知识储备量，在教学活动开展之前，教师要通过备课对知识的前后关联进行熟悉和掌握。学生所在年龄段共同特征、教师在日常生活中和学生的相处经验都可以作为分析学生个体差异和个体体验的重要因素，从而判断学生的个体经验。另外，教师可以利用问卷形式和课前小测试以及访谈的方式对学生的知识储备进行了解。同时，教师要增强与其他科目教师的交流和互动，对学生的准备情况进行充分了解。

（2）恰当制定目标，实现阅读效果。学生阅读文本的特点和成长需求是设计小学语文阅读教学目标的重要因素，阅读教学育人价值的实现效果和实现程度，取决于教学目标设计得是否合理。

第一，实现育人价值要满足学生的成长需求，在设计教学活动时将学生放在中心位置，将知识增长的建构规律和独特性一并考虑。确定性和系统性以及针对性是制定教学目标的重要特征。确定性是指学生在课堂教学中需要达到的要求，进一步明晰，发挥引领作用，让学生在课堂教学中开展合理高效的学习；系统性在教学目标上，表示它统一于全册目标和单元目标，帮助学生构建各方面的系统能力；针对性在教学目标上，是指小学生作为教学的教育对象，不同的学生具有不同的特点和个性，要因材施教。

第二，对义务教育阶段《语文课程目标》进行深入研究是设置小学语文阅读教学目标的基本前提，要将小学语文阅读教学的总体任务考虑在内，与阅读文本的具体特征相结合，从而完成目标设定。在语文阅读教学过程中，教学的载体是文章，即人们常说的"因文解道""因文悟道"，审美感受和思想情感都是设置教学目标会涉及的方面；在语文阅读教学活动中，学习语言的过程同时也是培养学生的能力，在教学目标中应提出提升学生语言能力的要求。

（3）优化教学资源，推动学生成长。教学目标确定之后，充分发挥各种教学资源的作用，包括对教学手段、教学内容和教学方法、教师教学模式进行合理选择，也要正确选择其他教学辅助资源设备，这是教学设计过程中的重要环节和内容。教师设计教学方案的过程中，对教学资源优化使用有利于推动阅读教学育人价值的有效实现。

语文阅读教学中最重要的教学资源是语文课本，现在使用的语文教材将特别丰富的育人价值包含在文本内容中，教师对教材使用时，要研究好教材，对编写教材的意图准确把握，关注阅读文本在学生成长中具备的价值进行关注，将阅读所包含的育人价值进行充分挖掘，达到使用教材最优化的目的，推动小学语文阅读教学育人价值的高效实现。同时，在小学语文阅读教学过程中，要将课外延伸活动作为拓展阅读作为教学内容的重要补充，有机融合课外阅读和课外延伸与课内文本之间的内容和关系，将语文阅读文本对学生形成的独特育人价值，充分体现出来。

教学资源主要由教学手段和教学方法以及教师教学模式共同构成。小学语文阅读教学中包含了多种多样的教学方式，主要有朗读、课堂讨论、查阅资料和联系实际体悟文本，合理使用这些方法，能积极推动学生的成长和发展。小学语文阅读教学可以充分发挥图片、挂图教具、影视、黑板、多媒体课件等基础教学设施的作用，为小学语文阅读教学活动的开展提供资源支撑。阅读教学要将这些资源充分利用起来，营造良好的学习氛围，将学生的学习兴趣激发出来，发展学生的想象力，推动学生朝着自主和健康的方向成长。

4. 组织丰富多样的阅读活动

实现育人价值最重要的环节之一是组织教学活动。通过开展语文阅读教学活动才能发现学生的需求，教师要对教学活动灵活设计，让学生通过活动增长自己的知识、提升自己的技能、丰富自己的情感，满足各方面的成长需求。教师要对课堂中随时可能出现的情况时刻注意，结合学生的学习状态和文本特征，对教学活动及时调整，让教学活动的有效性不断提升，推动实现育人价值。

（1）开展情境化教学。教师结合要学习的课文，充分发挥引导作用，进行引入叙述，为学生创造出一定情境，让学生置身于情境中对文本进行解读，对问题进行发现和解决。设置情境，一方面是概述文本，在学生的学习过程中发挥导向作用；另一方面，合理的情境能够将学生的生活体验激发出来，让学生学习兴趣不断提高。

（2）开展趣味化教学。学生的求知欲随着教学活动趣味性，提升逐渐增强，趣味化教学能够让学生的学习动力不断激发，提升他们参与学习的积极性和主动性。教师要充分发挥现形小学语文教材包含的丰富题材，让学生结合文本进行创编和表演；以文本优美的语言作为基础，让学生通过朗诵的方式展示出来；结合文本内容中所描述的跌宕起伏的故事情节，让学生积极讨论。结合文本的特征，选择合适的方式将学生的语文阅读学习兴趣激发出来，推动阅读教学育人的有效开展。教师也要结合文本内容，创造和设计更具有趣味性的情境，将学生的学习兴趣充分激发出来，真正体会到语文阅读包含的趣味性，让学生通过情境不断提升兴趣和热情。例如在课堂教学活动中利用分角色表演的形式以便能够将学生的兴趣激发出来。

（3）开展体悟式阅读教学方式积极开展。理解文本内容是开展小学语文阅读教学的前提条件，有利于提升学生的思想境界和道德情操。开展小学语文阅读教学的过程中，教师要将阅读文本与学生的思维特点相结合，灵活运用多种教学方式，例如联系上下文解读，配乐朗诵，将文字和生活实际相融合进行想象，观察书中的插图，通过学生多次阅读文本或课文引发全方位和整体性的感悟，在阅读中对作者的思想情感进行领悟和感受，深入地把握文本的结构和内容，从中接受美感和情感的正面影响。除此之外，小学语文阅读教学的重要内容之一是品味文本语言，通过文本对语言的魅力进行切身感受，对语言的精妙进行领悟，从而对学生产生深刻的育人价值。

（4）开展语文阅读实践性学习。学生对课文进行深刻理解之后，教师要发挥引导作用，让学生走出课堂，在社会中以某一专题作为核心开展语文阅读实践性学习。在这个实践学习的过程中，学生要进行自主学习——对实践计划进行制订和设计，收集整理相关资料，开展实践调研，对实践活动进行总结。从而开阔学生的阅读视野，提升学生收集和处理信息的能力，满足学生的成长需求，全面提升学生的语文素养，最终，在语文阅读教学中形成独特的开放式教学方法。

5. 优化预设与生成间的关系

教师对阅读教学进行有效设计，是合理预设课堂教学活动，对课堂上随机和灵活的生成充分尊重。如果没有精心设计的预设，则会导致课堂失去秩序；课堂教学如果只有预设没有生成，则失去了完整性，呆板的课堂也不利于发挥学生的创造性思维，无法提高学生学习的主动性。

在教学过程中，要将预设努力做好，对动态生成灵活处理。教师要在吃透教材的基础上精心预设课堂，对课程目标中关于当堂教学的要求和目标进行深入研究，分析好本班同学的学情，按照一定顺序计划有序开展教学活动。作为教师，借鉴别人的教学经验，结合自身的教学经验，是做好阅读教学课堂预设的重要方式。结束观摩课程结束之后，要对课堂预设和生成认真分析，为今后在课堂教学设计环节中做好精心预设工作积累丰富的经验，推动下次精彩生成的产生。

教师用自己的智慧对学生的独特思维进行感受和体会，是从预设走向生成的重要环节。一方面，教师要将目标放在心中，将学生放在眼中。鼓励学生发散思维、独立思考，将学习完成好，同时，在这个过程中要发现学生的亮点善于，同时发挥引导作用，让学生的思维朝着正确的方向发展。另一方面，教师要抱着将错就错的心态，一旦学生存在矛盾思维，要与教学预设相结合，推动学生深入理解知识。

二、基于核心素养的小学语文阅读教学设计的走向

阅读教学能够在很大程度上助推学生语文核心素养的形成，因而我们要通过阅读教学，让学生学会读书，学会理解，培养学生搜集处理信息、认识世界、发展思维、获得审美体验的能力，提高学生感受、理解、欣赏的能力，丰富学生的语文核心素养，使学生具备终身学习的能力。

（一）从"学科本位"走向"学生生长"

清晰而准确的课程意识，是课堂教学的核心要素。相对于仅仅关注如何提高教学技

巧，如何控制课堂，以便更好达成既定课程目标任务的"教学意识"来说，"课程意识"则是教师在思考和处理课程问题时，对课程价值以及如何实施课程的基本认识。

小学语文作为基础学科，应该站在学生终身学习和发展的视角，为学生的未来奠定基础。一方面，作为人生起步和奠基阶段，应让学生奠定必要的知识、技能、能力等"刚性基础"；另一方面，语文教学又不能止步于此，还要满足学生形成人的积极而强烈的终身学习愿望，确立人生志向，获得精神和心灵的充盈的柔性需求。

（二）从"授受训练"走向"自主建构"

我们的阅读教学从以讲授为中心转变为以学习为中心的课堂，中间的桥梁是"问题化学习"。"问题化学习"让我们看到，所有的教学必须以学生学习为主线去设计，必须让学生真实的学习过程能够发生并且展开。外界影响的方式，如"授受"或"训练"型，不是素养形成的最佳方式；而从内部激活、主体亲历、实践体验、自主建构的方式，更有利于素养的形成和发展。的确，素养的形成不是简单灌输到学生头脑中的过程，而是学习主体在学习过程中与客体、与情境交互作用的结果。

但是阅读教学中的学生自主构建，不能简单理解为依靠学生自己的能力来读书、学习，而是指在教师的正确引导下，通过创设宽松的学习环境，激发学生的学习兴趣，有意地增强学生主动学习的意识，让学生掌握主动学习的方法，养成主动学习的良好习惯，最终提高学生主动学习的能力。学生在教师的主导作用下，发挥主体作用，通过自学、质疑、讨论等方式深入理解课文内容并获得语言文字的综合训练。阅读实践活动的核心是启迪学生的思维，从而使学生主动地、创造性地学习，并逐步形成能力，为终身学习奠定基础。

（三）从"教课文"走向"教语文"

教材是课程内容向教学内容转化的最直接载体，但语文课难教、语文老师难当的一个重要因素是，语文教材是以文选形式编制而成的，教学内容"隐藏"在教材之中，需要语文老师练就"语文的眼光"，对教材进行二度开发，发现教材的语文核心教学价值，提取适当的教学内容组织教学，方能从"教课文"走向"教语文"。当语文课超越了课文内容的解读分析，落实了课程目标，课文便具有了对学生语文课程能力生长的独特意义，每节语文课也才能成为学生语文素养生长序列中的重要环节。

从学习语文的角度来看，学生对教材的阅读过程应该是对作者创作过程的"高速重演"，但文本只有导向功能，没有规定功能，只能指出一条路来。不是学习一篇课文必须写出几篇文章来，但它能提供发展的方向、应用的渠道空间，或者提供运用的案例模式作为示范。一篇课文的教学，关键要看文本在学习读写方面能否给学生当"样子"，即文本阅读能为写作提供哪些条件，打下怎样的基础，写作能借力于文本中哪些典型又适合学生实际水平的知识和技巧。例如，教学《大江保卫战》，虽然不要求立即写一篇通讯报道，但文本发挥的功能要让学生知道：读了这篇课文，我们对新闻报道一类的文章该怎样读、怎样写，心中已经有数了，对如何写好一个动人场面，也学会了不少方法，这就真正充分发挥了课文的"例子"作用，把学习引向今后的生活和语文实践上。

（四）从"爱阅读"走向"善表达"

阅读教学中我们要强化"为写而读"的理念，但在处理"读"与"写"的问题上，我们要谨防"以写作为中心组织教学"的极端做法。"为写而读"不是用"写"取代"读"，而是为"写"来选择"读"、改造"读"，本质还是"读写结合"。

阅读就是用已有的经验与文本对话，这本身既是阅读行为，也是表达行为。因此，阅读教学在理解内容的基础上还要向前走一步研究如何写。关注怎么写，可以引导学生发现表达的奥秘，掌握表达的技巧，提高表达的能力。例如，教学《给家乡孩子的信》，不能只把教学的主旨和重点放在了解巴金为人和认清生命价值上，至始至终，重要只字未提，让学生明白书信的价值意义和读、写书信的方法、策略。

小学阶段属于一个人的童年阶段，而童年是我们最重要的生命阶段，因为它会为每一个人提供成长的力量。作为小学语文教师，我们有责任以培养"全面发展的人"为核心，在我们的阅读教学中关注"人"，关注"人"的"原生态"成长，要让我们课堂的每一个环节永远都对学生有一种魅力，让学生焕发生命的活力，成为他们生命正常成长的栖息地。语文教学大多是通过阅读教学进行的，而通过阅读教学提升学生的语文核心素养不是一朝一夕的事情。我们教师可以在核心素养理念的引领下，转变教学理念，从分析讲解课文内容转为引领学生获取学习的能力和方法，课堂上多引导学生细读文本、品味词句，培养学生的阅读兴趣和能力。在课堂上有最美的遇见，有最真的收获，让学生感受汉语语言之美，从而从心底里爱上语文。

三、基于核心素养的小学语文阅读教学理念设计

（一）小学语文阅读教学要立足生本理念

"生本教育"是郭思乐教授创立的一种教育思想和教学方式，它是为学生好学而设计的教育，也是以生命为本的教育，它既是一种方式，也是一种理念。"生本理念指的是一种真正地把学生作为课堂的主人，以学生为本进行课堂教学的一种教育方式。"

生本教育把师生关系处理得十分完美、和谐，教学效果十分显著。语文作为一门基础

学科，包含着丰富的人文内涵，在语文教学特别是阅读教学中应该充分发挥师生双方在教学中的主动性和创造性，体现语文实践性与综合性，从整体上考虑知识与能力，过程与方法，情感、态度与价值观这三个维度。这就要求我们在教学中要正确地处理基本素养与创新能力的关系。

1. 转变教师理念

郭思乐教授认为我们教育的主流价值观有两个：第一，教学价值观，其根本的变化就是以"教"为中心转变为以"学"为中心。生本教育，主张在"教"与"学"的关系中，以"生"为本开展教学活动。第二，教育的主流价值观由应试教育转变为素质教育，生本教育主张培养学生的社会能力、学习能力、创新能力、动手能力。作为教师，在进行教学设计时，应该以这些理念为指导，以学生自身各方面的能力发展为教学目标，最终目的不是让学生"听懂了，学会了"，而是"会学了，乐学了"。生本课堂强调教育要从"师本"走向"生本"，要求老师由一个课堂的主讲者，转换为学生学习过程中的一个适时引导者。

生本教育思想是激发学生产生学习动力，指导学生学会学习方法的潜力。教师的这种对学生学情的驾驭潜力，是与其在平时教学中不断积累经验、不断进行反思离不开的。教师应当学会恰当地引导学生做小结，只有思想上有所转变，才会在课堂教学中有所改变。

2. 改变教学策略

（1）学法的指导。学法的指导先要从观念、策略的高度看"先学"，这里的"先学"，指的是教师把明天要讲的课的教学目的、要求，变成学生先学的一个前置性作业。实际是把明天的教学要求变成学生先学的一个问题，通过前置性作业的形式，提前布置给学生，让学生先学。例如，教师在执教《高尔基和他的儿子》一课时，课前使用预习单，这样的"先学"方式可以充分了解学生的学情，以学定教，在充分"备学生"的基础上，紧紧围绕不同层次的学生现状，适时调控课堂。

生本教学倡导的自主学习、合作学习、探究性学习，都是以学生的用心参与为前提，没有学生的用心参与，就不可能有自主、探究、合作学习。实践证明，学生参与课堂教学的用心程度，参与的深度与广度，直接影响课堂教学的效果。以往简单的问答式，一问一答，学生好像忙得不亦乐乎，但实际上学生的思维仍在同一水平上重复，师生、生生没有真正互动起来。教师要精心创设情境，巧妙地提出问题，引发学生心理上的认知冲突。同时，教师要放权给学生，给他们读、想、做、说的机会，让他们讨论、质疑、交流，围绕某一个问题展开辩论。教师应给予学生时间和权利，让学生充分思考，充分表达自己的想法，让学生放开说，并且让尽可能多的学生说，使学生兴奋起来，提高参与的用心性和参与度。在这样用心、主动、兴奋参与的学习过程中，个体才能得到发展。

（2）兴趣的激发。兴趣是学生发展思维的巨大推动力，是培养学生创新能力的起点。有兴趣的学习不仅能使学生聚精会神，积极思考，而且使学生沉浸在努力解决问题的氛围中，有利于学生思维能力的开发。

小学语文教材所选编的课文大多文质兼美，有的文字清新优美，有的情深意长，有的富含哲理。在阅读教学中，教师可以挖掘教学内容本身的内在乐趣，并依据学生心理特征挖掘语文教材中的诱导因素，开发和利用学生的好奇心，推动学习进程，让学生用自己的思维能力来感知文本。例如，《真想变成大大的荷叶》第二课时，教师呈现夏日雨后荷叶上的露珠这样美丽的画面，然后轻轻地问孩子们："小雨滴们，你们睡在绿叶上感觉怎么样呀？"教师这样引导，就紧紧抓住了二年级孩子的心。这样，一方面抓住了低年级孩子的认知特点：好奇心重，喜欢富有童趣的语言；另一方面又十分巧妙地让孩子去领悟文本，探寻"为何作者真想变成大大的荷叶"这个问题。另外，游戏激趣、活动激趣等也是常用的方法。教师应认真挖掘语文教材中能诱导学生学习兴趣的因素，在教学中根据教学内容的需要而灵活运用，激发学生的学习兴趣，诱发学生的创新精神。

（3）能力的培养。在语文课堂教学中，要培养学生的质疑探究能力，从而诱发学生的创新思维，因为当学生以一个探索者、发现者的身份投入学习的思维活动时，往往会在不断获得新知识时迸发创新因素。发现问题，是思维的起步；教会孩子们提问，只是教学的一种手段；解决问题，获得知识，才是教学的目的所在。帮助孩子们质疑解疑，是我们每个教师的职责。在教学过程中，教师要授之以法，使孩子们自解其难，变"有疑"为"无疑"，从而提高质疑兴趣和质疑技巧。

在阅读教学过程中，教师应该做好各种教学预设，引导学生积极思考，并通过创设破案的情境，巧妙地引导学生质疑问难，启发思维，进入新课的学习，将学生的思维引向课文的重点、难点，让学生找出问题的关键所在，激发学生学习的兴趣，培养他们的探究能力。

3. 培养创新思维

我们要想培养创造力，就需要提供一个友善的和有奖赏的环境，以便使之在其中繁荣发展。因此，在无拘无束的氛围中阅读，给学生提供自我表现的机会是培养学生创造性思维的重要条件。过去那种传统的教学方法，只能是教师辛苦，而学生的思维停留在死记硬背的层面，学生对于教材的理解和认识都来自教师的灌输，缺乏自主性。可见，给学生自主学习创造机会，还学生自信心，为他们的创造性思维提供宽松的环境和机会，这样能提高他们的学习热情，让他们重拾自信心。

另外，轻松的学习环境应该允许学生带着批判的目光重新审视教材，敢于向书本、向权威挑战，在学习中有所发现、发明、创造，成为有所为的探索者，使主体性发挥实效。应积极鼓励学生不墨守成规，允许学生标新立异。

由此可见，要培养学生的创造性思维，教师除了在教学方法中有所创新，给学生提供良好的思维环境，还离不开一定的问题情境。教师自己要有强烈的问题意识，巧妙地抓住课文耐人寻味的地方，给学生创设问题情境，启发学生想象，鼓励学生大胆地去发现、去创造，只有这样，学生的学习兴趣才能提高，思维才能发展，才能从被动的学习中解脱出来，去接受问题的挑战，主动学习，探索知识的奥秘。在培养学生创新意识时，还可以多角度、多方面培养学生的创新思维，如"由此及彼，培养思维的开阔性"的联想法，"从反面着眼，注重发散思维训练"的逆向法，"根据已有信息从不同角度、不同方向思考，从多方面寻求多样性答案"的发散思维法。这些都有助于学生形成创新意识。

（二）小学语文阅读教学中要增强语用意识

1. 夯实"语用"的重点词句

小学语文教学改革的走向就是要"回归语言学习，关注儿童发展"。重点表现在四方面：一是突出语言学习；二是注重语言学习策略；三是要有文体意识；四是要关照儿童的经验世界。而且课程标准中也指出"语言文字运用"是语文学科之特质、语文能力之核心、语文素养之根本，强调语言的实践运用。

另外，入选教材的课文，都是文质优美的佳作，每一个汉字都浸润着丰富的表象，承载着文化的内涵，不仅寄托着作者的真知灼见，渗透着作者的丰富情感，也在遣词造句、语言表达上独具匠心。因此，在教学中教师要引领学生细读课文，让学生在语言之河中愉快而幸福地畅游，倾听课文发出的细微声响，欣赏课文精湛的语言艺术，感受课文蕴含的人文关怀，揣摩作者的行文思路。此外，教师还应抓住文中的重点词句，引导学生全身心投入诵读、品味与感悟，这有利于提高学生的思维能力、语言能力。

另外，教师要本着对课文语言的高度警觉，用敏感的心去捕捉课文潜在的信息，对每一个字、每一个词、每一句话都不轻易放过，引导学生在具体的语境中，通过诵读、比较、感悟去体味词的内涵，推敲词的精妙，感知词的鲜明形象。此外，在语文阅读教学过程中，应尽可能地挖掘教材的语言因素，让学生随文练笔，学会迁移运用，在运用中巩固语言积累，提升语文素养。

2. 精选"语用"的背景知识

语文阅读教学应该重在提升学生的"阅读力"。而"阅读力"包括理解概括能力、联系上下文理解词句的能力、找关键词关键句的能力、读懂言外之意的能力、联系生活经验谈感受的能力、自己搜集背景知识读懂文意的能力等等。

学生"阅读力"的提升，最有效的途径就是大量的阅读实践。让学生在不断的品词析句实践中，通过熏染，日积月累，做足"量"的工作，从而形成敏锐的"语感"，进而发生"质"的改变，达成"阅读力"的提升。例如，教师在引导学生理解"饥餐渴饮""晓行夜宿"时，这样设计："饥"是"饿"，"饮"是"喝水"，"饥餐渴饮"的意思是饿了吃饭，渴了喝水。这就是"逐字解释，连字解词"的方法。

（三）小学语文阅读教学中要构建学习共同体

学习共同体是指学习者在教师、家长、辅导者等助学者的帮助下，通过彼此之间的沟通、深入交流和学习资源的共享，形成相互作用、相互影响，共同完成学习任务，最后达到成员全面成长的学习团体。学习共同体的主体是学习者和助学者。学习共同体强调的不仅是学生之间的相互学习、相互影响、共同成长，也包括教师之间的互相学习、共同提高，还包括家长和市民的积极参与、共同发展。此外，构建学习共同体是一场变革性的教育实践活动，它不仅是师生与自身、与他人、与事物对话沟通的活动过程，还是活动的、合作的、反思的学习创造过程。学校的中心任务就是培养人才，而培养人才是通过学习者的"学习"来完成的。这种学习，在教室里以相互倾听为主旋律，以"应对"为师生共同学习的关键；这种学习，在教师中间形成了更有创造性、合作性的同事关系；这种学习，让家长与学校有更多更具体的联系。

1. 学会倾听——师生和谐互动

语文课程是教师和学生共同探讨新知、平等对话的过程。在实践中，语文教师确实是把自己从"传道授业解惑"的权威中转变为与学生拥有平等席位的对话者，他们以"对话人"的身份尊重同样作为"对话人"的学生个体及其对适合自己特点的学习方式的选择，自觉放弃了传统意义上把语文教师作为知识权威的认识。显而易见，课程改革以来，课堂教学所倡导的起点，也就是和谐互动的课堂氛围，真正地发挥了教师的引导作用以及学生的主体能动性，使师生在教与学中进步，在教与学中体验到快乐。

首先，师生在教育过程中的角色关系，决定了师生相互的地位和相互对待的态度；其次，师生在教育活动中的心理关系，表现为双向互动性。传统合作学习中教师承担的角色是"导师"，掌握着专业知识和技能，成为教学内容的占有者和权威者，凌驾于学生之上。小组合作学习时，教师走下讲台游走在各个小组之间，一边给出讨论的方向，一边寻找契合自己观点的"正确答案"。而在学习共同体的课堂上，教师首先是"倾听者"。教师作为专业人员在参与学习时不是给出讨论的方向，而是关注学生的学习状态，把游离在学习状态以外的学生及时拉回来。教师在课堂上的另一个重要作用是"帮助关联"。寻找学生发言中的突破口，将学生之间的对话、学生当下和此前的感想串联起来，形成知识的交会、升华与螺旋式上升。这样的课堂角色定位使教师和学生更多地处在同一个学习平台上，教师和学生共同推进学习的展开，共同从中得到知识和养分。

和谐的师生关系中，教师和学生都将作为个体在语文教学中对话，接纳、尊重和信任对方，没有控制和强迫，不以任何或明或暗的方式，将任何态度强加于学生，有的只是师生双方互动的交流、沟通，互相启发、补充。一方面，通过建立体现尊重、民主和发展精神的角色关系，从而实现民主平等、教学相长；另一方面，通过优化师生情感心理交往，达到爱生尊师、心理相容。例如，教师讲《"你必须把这条鱼放掉！"》一课时，这篇课文的教学重点是帮助学生了解、体会人物的思想活动和情感精神。教师允许学生有各种各样的情绪流露，更允许学生大胆地提出自己的见解。随着问题的层层深入，学生的回答越来越精辟，语言也越来越动人，教师体会着学生的情感，努力让学生体验到"山重水复疑无路"的困惑迷茫和"柳暗花明又一村"的豁然开朗，这一堂课的教学过程，从真正意义上成为师生知识、情感的平等交流过程。

2. 共同学习——激活思维灵感

传统语文教学长期以来重视教师对学生的单向灌输，忽视学生对教师的"反作用"；重视师生的纵向交流，忽视学生之间的横向沟通；重视学生个体性思考，忽视群体之间的合作；课堂教学以单一的个体学习为主，重视个人能力的培养，忽视集体观念的教育。这样的教学方式，严重影响着学生的学习方式，学生习惯于按照教师的"指令"机械操作，重埋头苦学，轻合作交流，重接受命令，轻伙伴研究，重个体行为，轻集体学习。

此外，教师要改变单向灌输的封闭式教学方式，整合和创新学生的学习方式。因此，构建学习共同体，强调"合作"二字具有很强的针对性。现代小学语文教师要以合作教学为前提，积极倡导研究性学习，有效加强学生与教师，甚至与课程、书籍或其他信息中的思想观点的交流，积极促进学生与学生之间的合作。具体而言，就是要注意以下方面：

（1）强调小组合作。学生个体的思维往往比较狭窄，有的甚至比较偏激，容易钻牛角尖。而通过小组合作的方式能拓展学生的思维宽度，让他们获取别人思维中有益的部分，并补缺自身思维空白。例如，在学习《春光染绿我们双脚》这篇课文时，可以让孩子们自己读课文，然后小组合作来学做小诗人，并提出问题，这种合作编诗歌的方式，使学生个个都是成功的小诗人，小组交流中，童诗飞扬，精彩纷呈。老师让学生将这些诗歌积累在一起，贴在教室后的学习园地中。教学中师生相互交流、相互启发、相互补充，通过分享彼此的思考、经验、知识、情感、体验，从而共同推动教学的进程。

（2）教学目标多元化。在学习共同体的课堂中，我们小样须强调教学目标的多元化。由于小组成员是异质个体，每个人的学习能力因成长经历的差异及智力水平的高下而参差不齐。倘若在教学中制定单一水准的目标，就会不可避免地忽略其他学力层次学生的学习主体性，所以应当设置对不同层次学生都有学习价值的探究式目标。虽然不同个性、不同学习力的学生给学习的展开带来了变因，但不同个体之间的差异恰好是学习质点的延伸点和交叉点。教师应当通过捕捉这些延伸点和交叉点，来推进学生理解力和想象力的提升。在学习共同体的学习过程中，教师须相机而动、随机应变。如果学生的讨论费时很少，教师应该反省讨论的话题是不是过于简单。如果学生的讨论持续而热烈，即说明讨论的话题成了共同体学习的动力，学生找到了互相协作交互的质点，进而教师可以及时调整教学计划，在学生的兴趣点上多维度开拓，以激发学生的创造力。

（3）充分运用各种合作形式。每周利用一节课举行一次读书沙龙活动，以学生喜闻乐见的形式来展示学生的阅读成果，如"课本剧""故事会""演讲比赛"等，鼓励学生发表自己的阅读感受，发挥自己的创造力体验合作阅读的乐趣。例如，一位老师结合中国文明网评选"中国好人"的活动在班里开展了一次《我心目中的天长好人》小组演讲比赛，参赛小组的同学赛前合作完成讲稿，演讲时滔滔不绝，小观众听得津津有味，身边的榜样让学生感到可亲可近，也激发了同学们的阅读兴趣。同学们最喜爱的还是编演课本剧，这项活动对学生的能力要求是多方面的，需要小团体各方面的合作。改编是一种创造，表演是一种再创造。每个学生在解读文本时都有自己的独特体会。改编后进入表演，个人的创造性、小组的合作发挥达到巅峰，围绕剧情的推进和人物性格的表现，演员动作、表情、对话都达到高度的个性化。观看的学生把演员的表演技巧、塑造的形象与自己想象、创造的形象进行对照，取长补短。在这样的氛围中，台上台下的学生融为一体，交流创新成果，共同提高语文素养。

3. 多维共评——构建参与评价

对于课后评价标准，学习共同体实验也须做出相应的反思和调整。课堂学习的评价方式除了检测知识和技能的掌握之外，还包括对学习能力提升的考核，即使脱离既定的教材文本，也能够展现出学生在语文能力和素养上的提升。换言之，我们应当以"学习的养成"作为共同体学习的评价标准。另外，传统语文教学评价中存在许多问题，如重结果不重学习过程，过多倚重量化的结果，以书面纸笔考试为主，以语文教师的单一评价为主等等。特别是在评价的主体上，被评价者往往处于消极的被动地位，其意见没有得到必要的尊重，没能形成教师、学生、家长和社会多主体参与的多元评价体系。改变单一的教师评价，构建参与式的评价体系，笔者认为应从以下方面着手：

（1）评价主体多元化。要让学生、家长和社会多主体参与评价，要将教师的评价、学生的自我评价与学生之间的相互评价相结合。小学生一般都有强烈的荣誉感和集体归属感，为了激发学生在小学语文课堂上的合作学习意识，教师可以利用集体（小组）表扬，如在小组成员取得进步时，教师不是表扬个人，而是表扬整个小组，这样做会使学生产生集体荣誉感，能更加快速地培养小组合作学习的动机及意识。

（2）评价目标系统化。重新确定评价的目标，将评价的内容细分，制定相应的发展目标。根据不同学期、不同年级、不同类型班级学生语文素质的发展水平，制定相关的评价标准，从而有效分解评价目标，并使之系统化。

（3）评价形式多样化。小组互评是各小组之间进行的评价、不同小组之间的交流，扩展了学生互动形式，尤其是学生听后及时互动评价，可以瞬时激发灵感、启迪智慧。应改变以往以书面纸笔考试为唯一评价形式，选择、运用多样化的评价形式，针对学生学习过程的各个阶段，采取不同的方式方法来进行评价，全面而具体地评估学生素质发展状况。

语文教学是一项需要我们扎扎实实去研究、去探寻的快乐的教学活动。我们要心怀"工匠精神"，围绕核心素养，构建学习共同体，师生互教互学。语文教学过程是一种师生之间、生生之间平等交流共同学习的过程，他们共同对成长负责。从这个意义上说，教学理念的转变，是小学语文阅读教学取得成功的关键。

四、基于核心素养的小学语文阅读教学思路设计

阅读是运用语言文字获取信息、认识世界、发展思维、获得审美体验的重要途径。阅读教学是学生、教师、教科书编者、文本之间对话的过程。阅读教学的重点就是培养学生对语言材料的感受、理解、运用、欣赏、评价的能力。此外，小学语文教学中应突出语文课程核心目标——语言文字运用能力培养，积极探索阅读教学"优质高效"的课堂教学策略，实现学科知识到学科素养的蜕变，全面提升学生的阅读理解、审美、批判思维、创造意识等语文综合素养。值得注意的是，在近年的教学中，小学语文阅读教学在课改理念和核心素养的引领下，教学理念、教学方法、教学模式、目标拟定在悄悄地发生着变革。

（一）诗情画意的情境

语文课堂应该是师生诗意栖居的课堂。语文教学应该努力成为语文的生命诗意飘溢的过程，成为学生的天性诗意盎然的过程，成为教师的劳动诗意弥漫的过程。没有诗意的语文课是苍白的、枯燥的语文课，是没有语文的语文。所以，在语文教学中，特别是阅读教学，更要多一些诗意，让我们的每一堂语文课都成为一种诗意的生存和栖居。

例如，"欲把西湖比西子，淡妆浓抹总相宜。"这是赞美素有天堂之称的杭州西湖。《西湖》一文以诗一般的语言，描绘了西湖的秀丽景色，字里行间饱含着作者对西湖风光的喜爱和赞美。教学中应引导学生抓住重点词语和一些比喻句来体会课文的意境和作者的情感。通过"绿、青、淡、浓"等词语想象并读出多彩秀美的画面，体会"层层叠叠、连绵起伏的山峦"的美妙意境；通过"银镜、掠过、一闪一闪"等词的品读，感受"平静的湖面"那独特迷人的美景，感受"绸带漂浮在碧水之上"的神奇，感受"天上人间全都融化在月色里"的朦胧。

（二）灵动的文本解读

语文是灵动的生命。回归生活、回归主体、回归生命是语文教学的最佳境界。而实现这一佳境的最终途径就是阅读。阅读教学就是要教师在学生和文本之间架设一座充满生命的桥梁，让学生通过这座桥去探寻求知世界的奥秘，去感受生活的多姿多彩，从而实现情感、态度、价值观的构建和提升。由于学生的生活积淀、文化底蕴、审美情趣千差万别，再加上语文课程丰富的人文内涵，这就决定了他们对材料的理解是多元的。在这一视野下，语文教师首先应该做的是把握好教材，灵动地解读文本。因为只有这样，学生才能受到真正的语言熏陶和感染，也才能真正实现其正常成长。

例如，《青蛙看海》中同为帮助青蛙的两个伙伴——苍鹰和松鼠，其实存在着智慧上的差距。苍鹰告诉青蛙"不登上山顶是看不到大海的"，但没有告诉青蛙如何去实现看大海的愿望，而松鼠就智慧多了。如何将这样的解读传递给学生，并让学生从中受到启迪？

师：苍鹰和松鼠都帮助过青蛙，你们觉得苍鹰和松鼠谁最终会是青蛙的好朋友？

生1：松鼠。因为松鼠告诉了青蛙登山看日出的方法，那就是一个台阶一个台阶地跳。

生2：松鼠还不停地鼓励着青蛙，它让青蛙有了继续登山的信心。

生3：松鼠还和青蛙一起前进，它们同甘共苦终于看到了日出。

师：听了大家的话，我想青蛙一定会认为像松鼠这样的朋友是最值得交往的。你们想不想也成为值得别人交往的好朋友呢？

生：想——

师：说说自己在和小伙伴们相处的时候该怎么做。

生：……

由此可见，只有坚持对文本的多方位解读、深层次解读、创新性解读，即在尊重文本价值取向的前提下多元解读文本，允许百花齐放而不是死套教参，较好设定教学目标，这样才可以使我们的语文课堂灵动、活泼。教师要教会学生透过语言文字，去解读这个世界的意义，领悟到人生的价值意义。灵动地解读文本，本质就在于强调一种灵动的人生，引导学生善于从寻常生活中去感悟，让生命徜徉其中。

（三）深刻的对话交流

阅读教学是学生、教师、教科书编者、文本之间对话的过程。这种对话是指学生、教师、文本（作者、编者）之间的一种精神上的相遇、心灵上的碰撞。在课堂中，我们应该积极地给学生创造交流与合作的机会，使学生学会人与人的交往，增强学生的合作互动意识。所以，在教学中，我们应该向学生渗透这样的观念：语文阅读不是生活中随意的消遣性阅读，也不是一般的了解性阅读。它应该是一种投入的欣赏性阅读，应当集中全部心智去感受、理解、欣赏、评价文本中的人与事、景与物、理与情。

对话就是言语的交流、思想的碰撞。阅读教学的对话不是停留在师生一问一答中，真正的课堂教学对话是一个不断走向深入、走向深刻的对话。应在深刻的对话中提升语文课堂教学的品质，升华学生的生命层次。语文课堂教学就应该在不断交流、碰撞中展开。

（四）语用教学的关注

语用就是语言文字运用，语用教学是在运用当中学习语言。例如，日常一节课是 40 分钟，一篇课文，要明确重点内容，要让学生在语言文字运用中学习语文，所以语用教学提倡的是对以往的语文教学进行重构。过去，语文一节课 40 分钟，主要时间都运用在课文内容的理解上，如讲了哪些内容？表达了怎样的思想感情？从哪些地方看出是表达这种情感？这都是着眼于对课文内容的理解。

例如，教学《王冕学画》，很多老师一堂课 40 分钟至少有 30 分钟在介绍"王冕到底是怎样的一个人"，这样的安排，典型的就是着眼于内容理解，学生上完课后，心中留下的是王冕是个有孝心的人、勤奋的人，这就变成了德育课、思品课。《王冕学画》虽然是一篇写人的文章，但文本第五自然段中的景物描写是作者的神来之笔。景物描写有渲染气氛、烘托主旨、推动情节发展的作用，而且景物描写细致、层次分明，是学习写景的绝好范例。在观察顺序上，由上而下，由天空写到湖水，由山上写到山下；在颜色搭配上，文中写到"黑云""白云""青翠""绿得可爱"，可谓五彩缤纷；在描写手法上，点面结合，既有雨后湖光山色场面的描写，又有湖中花苞的描写；在炼字用语上，"镶""透""雾气缭绕""岩石掩映""树木葱茏""青翠欲滴""雨水点点"等词让人赞叹。因此，教学本课时，可以引导学生发现景物描写的表达方法，即文章抓住景物动态变化、色彩缤纷绚丽、位置错落有致的特点，把景物写美、写活。

由此可见，语用教学提倡对以往以思想内容、语言知识为主体的语文教学进行重构。语用教学强调教师在教学中要强化学生的言语实践，要让学生在听说中学会听说，在阅读中学会阅读，在读写中学会读写。不仅要内化语言，还要表现出来，要使用，要运用。

（五）智慧的动态生成

传统语文课堂教学的一个可取之处就是教师有充分的预设，即充分的备课，但过多强调预设，就使课堂变成了"教案剧"的演出，使原本生动的课堂失去了应有的活力。但这绝不是预设的错，要实现新课程倡导的动态生成的理念，就得充分发挥预设的作用。课前做最充分的准备，多预设"如果"，多预设"怎么办"，课堂上教师就会更有自信、更有机智。教师的预设越充分，转化成有效的课堂生成的可能性就越大。一个有效的课堂教学过程不是教学预案完美体现的过程，而是一个不断动态生成的过程。教师在课堂教学中，因时而异，因情而变，抓住课堂中的一些教育契机，和学生一道共同构建起灵活开放与生成发展的课堂，让学生在充满智慧的生成中成长。

（六）学生个性的张扬

阅读活动是一个复杂而独特的心理过程，学生作为阅读活动主体，通过对各类文章的个性解读，完成了对文学作品的再创造，是一种寻求理解与自我理解的活动。因此，语文课堂上，学生带着自己的知识、经验以及情感来阅读文本时，自然会产生各种独特的体验，教师要鼓励他们富有个性地学习、理解和探索，让学生在积极主动的思维、体验和情感活动中加深对文本的理解和体验。阅读一篇课文，教师和学生，同样都是欣赏者，只不过所处的层面不同、角度不同，所拥有的生活经历、知识水平不同罢了。阅读是个性化的行为，在阅读教学中，师生是平等的，是可以沟通、对话、交流的。我们教师应当用广阔的心胸来对待学生对阅读课文的理解和感受，不能把"彼"的情感体验强加在"此"的情感体验上。

例如，《真想变成大大的荷叶》是一首富有想象力、充满感情的优美诗歌，展现了孩子们在夏天的美丽遐想，洋溢着浓浓的童真童趣。教师在执教这一课时，让学生在朗读、观察、想象、美读的过程中，感受语言的优美，体会诗歌的意境，激发学生对美好自然的向往。教师在指导完为何"我最后真想变成大大的荷叶"这一环节后，引导学生想象自己变成的模样，并且能像大荷叶一样给人带来快乐。在学生进行思考后，开始表达自己的想法。

五、基于核心素养的小学语文阅读教学模式设计

传统的教学模式以教师讲授为主，强调教师的主导作用，学生被动地接受知识，忽视

了学生主观能动性和能力的培养。现代教学将教和学相结合，是师生交往、互动、共同学习的过程。在阅读教学中，我们应当努力为学生创造更广阔的学习空间，让他们注重对语言的感悟、积累和运用，在自主、合作和探索中发展能力，在开放、活泼的语文课程中快乐地学习。

（一）小学语文阅读教学的课堂模式

1. 较有特色的阅读教学模式

（1）"揣摩、引导、讨论、点拨"课堂结构。从适应培养自学能力的需要出发，在实践中探索出的一套阅读教学课堂基本结构。"揣摩""讨论"是指学生的学习实践，"引导""点拨"是教师在其中起的主导作用。

（2）"整体回环阅读教学法"。根据人们认识事物"往往是先从整体入手，然后分为若干个部分深化，最后再回到整体"的规律，该模式设计了阅读教学的五个基本步骤：提出课题，明确任务；通读全文，抓住中心；依据中心，理清思路；围绕重点，分段精读；由段至篇，回环整议。

（3）语文单元达标教学课堂教学结构。这是一种借鉴布卢姆掌握学习理论而设计的语文课堂教学结构。一篇课文的教学一般分为感知了解、分析理解、概括深化三个学习阶段。其课时教学模式一般分为四个环节：激发兴趣，明确目标；指导自学，实现目标；综合训练，深化目标；反馈矫正，达成目标。这种教学结构的突出特点是以教学目标为依据，以指导学生自学为途径，以反馈矫正为保证，以使绝大多数学生达到教学目标为目的。

（4）情境教学模式。情境教学是语文教学中影响最大的一个教学流派，前面已介绍过。情境教学的步骤一般为：初读——创设情境抓全篇，理清文章思路；细读——突现情境抓重点，理解关键词、句、段；精读——凭借情境品语感，欣赏课文精华。

（5）六步教学。定向—自学—讨论—答疑—自测—自结，这是特级教师魏书生提出的六步阅读教学程式。这种教学方法按"定向（提出课文的学习重点）—自学—讨论（提出自学中的问题和师生讨论）—解答（查找工具书参考书，或由同学、老师解答）—自测（练习）—小结"来组织阅读过程。"六步教学"的特点在于把教师的指导和学生的自学紧密结合起来，让学生能独立解决阅读任务的一部分或大部分。

（6）"明确目标，强化训练"阅读教学课堂结构。该课堂结构包括五个环节：整体感知、重点突破、全面欣赏、巩固语言、综合考查。该结构是针对当时阅读教学存在的两个问题而设计的：重视对课文的分析理解，而忽视语言的积累和运用；对课文分析面面俱到，目标不明确、不集中，抓不住重点。其特点是重视目标的作用、重点突出、训练扎实。

（7）"五环节七步骤"课堂教学结构。这是以系统论为理论依据而设计的一种课堂结构。其教学过程包括五个环节：基础训练；出示目标；指导学习，反馈矫正；巩固提高；总结达成度。其中第三个环节包括交替进行的"指导学习""反馈矫正"和"调控训练"三步，其余环节各为一步，因此共七步。每个步骤都规定了调控时间。这一结构具有两个明显特点：一是课堂设计有明确的目标和过程，二是课堂教学重调控、重强化。

（8）"问题研讨式课堂教学结构"。这是在目标教学理论、合作教学、和谐教学方法影响下设计的一种阅读教学课堂结构。在提前分好组的情况下，该结构有五个环节：激情导入、出示学习问题、小组学习讨论、班级交流学习情况、质疑交流。

（9）"读读、说说、议议、写写"。读读——指导学生朗读课文；说说——引导学生感知课文内容；议议——启发学生围绕中心句，层层展开，理解课文内容；写写——指导学生展开想象，练习写话。这一课堂教学结构，力求让学生多读、多说、多议、多写，把读、思、说、写有机结合，从而培养阅读能力，促进语文能力的全面提高。

（10）"导读—扶读—自读"教学模式。这种结构适用于教学几个部分结构、写法基本相同的课文（如教学《美丽的小兴安岭》《美丽的公鸡》）。"导读"，即在教师指导下阅读；"扶读"，即让学生尝试利用上述方法阅读；"自读"，即运用学法自学课文，在自己读书、思考的基础上讨论、交流。这种教学结构有助于学生理解学习过程，积累学习方法。

（11）"群文阅读"的课堂结构。"群文阅读是在单位时间内阅读多个文本，或者是把多个文本作为一个整体展开阅读。"有人把群文阅读的课堂结构按"文本处理程序和个体学生阅读数量的不同"分为一篇带多篇、群文齐读、群文共享等类型。"一篇带多篇"是指师生首先重点阅读第一篇文本，从第一篇文本中发现理解的模式或者结构，然后应用这种模式或结构来理解其他文本。"群文齐读"的课堂结构，简单而言，就是师生对群文的阅读是一齐展开的，所有的学生阅读所有的文本，通过所有文本的阅读产生一个共有结构或者合成结构。"群文共享"并不像群文齐读那样是所有学生读所有文本，而是不同的学生读不同的文本，然后把自己阅读的内容与大家分享。

2. 阅读教学课堂结构的模式

阅读教学的课堂结构是多种多样的。不同的课堂结构具有不同的特点或优势，当然各种结构往往也有一定的适用范围或自身的局限性。掌握各种课堂结构的特点，适应各种情况的教学当然是必要的，但掌握适用范围最广的、最一般的阅读教学课堂结构更是十分必要的。这里所说的适用范围最广的、最一般的阅读教学课堂结构，也就是阅读教学课堂结构的一般模式。当然这里的"适用范围最广的、最一般的"也只是相对的，不同的教学论教材（或不同的人）所归纳的一般模式也是不尽相同的。

参考各种相关模式与理论，对语文阅读教学的课堂结构，可以设计出含有"导入激趣、整体感知、理解感悟、练习积累、反思总结、延伸作业"六环节的一般模式。

（1）六环节一般模式。具体有以下方面：

第一，导入激趣。导入激趣这一环节的主要意图或目标是：创设情境，集中注意，导出课题，激发兴趣。可分两步进行：①导入课题。通过一定方法，自然导入课题；②解读课题。引导学生解析课题，激发学生的阅读兴趣与阅读期待。

第二，整体感知。整体感知这一环节的主要意图或目标是：初读课文，自主识字，了解内容，培养自学能力。可分两步进行：①提出要求自学。中高年级这一步也可放在课前，即安排课前预习；②检查自学或预习效果。检查学生对字词、课文内容等预习或自学情况，鼓励学生质疑问难、合作学习。低年级重点落实识字。

第三，理解感悟。理解感悟这一环节的主要意图或目标是：熟读课文，理解内容（字词句段篇的意思、含义），体会感情，理解（领悟）写法。这一环节的整体思路遵循两条基本规律："语言形式—思想内容—语言表达""整体—部分—整体"。可分四步进行：①梳理结构。引导学生寻找关键信息，梳理课文脉络，从宏观上把握课文结构，建立整体观念。这一步体现的是阅读教学过程基本规律中的第一个"整体"。低年级或简短的课文此步可省去；②分步解读。按照一定的思路，引导学生一步步或一部分一部分解读课文：抓住重点语言文字，引导学生理解、体会其意思、含义、情感、作用等。这一步体现的是阅读教学过程基本规律中的"部分"；③感悟拓展。在分步解读的基础上，引导学生回顾整体内容，联系实际或有关资料，谈认识与感受，明白道理，升华情感，落实人文目标。这一步体现的是阅读教学过程基本规律的第二个"整体"。从"理清结构"到"感悟拓展"，经历的是阅读教学过程基本规律中从"语言文字"到"思想内容"的过程；④领悟写法。理解课文内容以后，特别是高年级的教学，应该引导学生发现与归纳课文在表达方面的特点或优点。这一步体现的是阅读教学过程基本规律中从"思想内容"再到"语言表达"的过程，也是促进读写结合的关键一步。低年级此步可省去。

第四，练习积累。练习积累这一环节的主要意图或目标是：巩固知识，积累语言，训练技能。低年级要注重写字训练；中高年级要重视拓展阅读与仿写等表达训练。

第五，反思总结。反思总结这一环节的主要意图或目标是：查漏补缺，总结升华。

第六，延伸作业。延伸作业这一环节的主要意图或目标是：巩固知识，全面拓展。

六环节一般模式是一篇课文教学的一般模式，即一篇课文的教学一般包含这六个基本环节。当然，如果一篇课文用两课时或三课时进行教学，这六个基本环节就应安排在不同的课时中，且各课时还应补充一些必要的环节，以保证其课堂结构的相对完整性。例如，如果一篇课文用两个课时进行教学，那么就可以将一、二、三环节放在第一课时，四、五、六环节放在第二课时，或者将一、二环节加上指导写字放在第一课时，其余环节放在第二课时；第一课时最后应该加一个课堂小结及布置作业的环节，第二课时的开头则应加一个复习导入的环节。

（2）六环节一般模式的特点。这个模式，尽量借鉴各种模式的优点，体现阅读教学的规律与先进理念。其特点主要表现在以下方面：

第一，整体上遵循了学生知识学习基本过程的规律与教学论中一般知识教学过程的观点。"注意—感知—理解—巩固—运用"是学生学习某一知识的基本过程，这一模式中的六个基本环节正是遵循着这一过程设计的，这与教学论中有关知识教学基本过程的观点也是一致的。

第二，遵循了阅读教学"从语言文字到思想内容，再从思想内容到语言表达"的基本规律。语言文字与思想内容是无法截然分开的，但教学过程的不同环节或阶段对两者的处理是有主从之别的。"从语言文字到思想内容，再从思想内容到语言表达"正体现了阅读教学过程不同阶段语言文字与思想内容的主从关系。从"整体感知"环节到"理解感悟"环节中的"感悟拓展"，整体上体现的正是"从语言文字到思想内容"的过程；而从"感悟拓展"到"领悟写法"，再到"练习积累"中"写"的训练，则体现了"从思想内容到语言表达"的过程。

第三，遵循了阅读教学"从整体到部分，再从部分到整体"的规律。篇章结构的理解与字、词、句的学习互为学习的条件，没有严格的或单一的起点能力。但是，阅读理解过程中，对字词句等"部分"的准确而深刻的理解离不开上下文，离不开文章"整体"的关照；理解部分最终指向的也是对文章整体的把握。因此阅读教学中指导学生对课文的理解应该遵循"从整体到部分，再从部分到整体"的规律。本结构"理解感悟"环节中的"理清结构""分步解读""感悟拓展"三步，正体现了"从整体到部分，再从部分到整体"这一规律。

第四，较好地处理了学生学习主体与教师教学主导的关系。本结构重视学生的学习主体地位，每项教学任务的完成都从尝试学习或质疑开始。例如，"整体感知"环节先让学生自学，再检查自学效果；检查自学效果时也是先让学生汇报、评价，然后教师再做评价与引导；"理解感悟"中的"理清结构""分步解读""感悟拓展""领悟写法"等步骤，以及这些步骤中的每一小步，也都尽量从学生质疑、尝试释疑与自学开始。当然在教学过程中，也注意了教师的适时引导点拨。

第五，较好地体现了语文学科特点与教学规律。六环节一般模式较好地体现了核心素养下语文学科的工具性与人文性关系，注重语言文字的扎实训练，注意了对文章人文内涵的感受与理解。特别是"理解感悟"环节中"感悟拓展"步骤的设置，以及"练习积累"环节中练习项目的提示，有利于工具性与人文性的全面落实。

（二）小学语文不同阅读课型的教学模式

课堂教学的课型指课的类型或模型，是课堂教学最具操作性的教学结构和程序。研究课型，有助于教师更好地掌握各种类型课的教学目标、教学结构、教学方法等方面的规律，提高教学设计、实施和评价的能力。小学语文阅读教学大致可划分为精读课、略读课和课外阅读指导课三种类型。

1. 精读课

（1）精读课的基本特征。精读课是以深读为基础、以全面训练学生的语文素养为特征的综合性阅读课型。教学任务包括阅读理解、情感陶冶、知识习得、语言积累和语言运用等方面，以培养学生语文能力为核心。

（2）精读课的教学模式。初读课文，整体感知。上课伊始，可根据教学需要和学生的年龄特征，创设一定的教学情境，以激起学生学习课文的动机和兴趣；接着指导学生默读和浏览课文，要求学生读准生字、读顺课文，思考后讨论类似"这篇课文主要说了哪几件事情"这样的带有整体把握的问题，这样安排的目的是使学生从整体上形成对课文的感性认识，并能初步提出一些自己尚未掌握的问题（表4-1）。

表4-1 精读课的教学模式

类别	内容
精读课文，深入感悟	深入感悟是指学生对课文的主要内容、人物情感和重要词句有比较深刻的感受和领悟，而要达到这一要求，学生必须围绕课文的重点来深读，教师应引领学生围绕所提出的关键问题反复阅读课文。教师的指导要以学定教、顺学而导，不以教学设计牵着学生走，而是根据学情的变化来调整教学设计
研读品读，深层体悟	教材选编的精读课文中，有一批含义很深的课文。这些课文不仅有表层的描述，还有深层的意蕴。如描写事物的，以事喻理或托物言志；描写景物的，寄景抒情；描写人物感情的，则情中有情……学生要弄懂这些课文，必须采取一个重要步骤，那就是要对重点段落进行研读和品读，只有这样才能达到对课文深层意蕴的体验和领悟，在思想上、情感上产生共鸣

熟读成诵，尝试运用	在学生熟读成诵的基础上，让学生以口头或书面表达的方式初步运用所学的语言文字来表达自己学习这篇课文的体会，其目的在于促进学生把自己感悟最深的语言文字和思想情感初步转化为自己的语文能力，为全面提升自己的语文素养奠定基础

2. 略读课

"略读课在小学语文课程中地位日渐突出，然而略读课教学中普遍存在精读化现象。"略读课必须有自己的特质，要简单、精练、省时、高效。同时能够突出中心问题，疏密有致，且彰显课文重点，从而真正体现略读课的特质，取得良好的教学效果。

（1）略读课的基本特征。略读课的主要特点在于培养学生的略读能力，其主要任务是让学生了解课文的主要内容，体会课文的主要思想感情或深层含义，并学习略读方法。

（2）略读课教学模式。①略读课文，了解主要内容。学习方法：先提出一个问题（即这篇课文主要说了几件事），然后让学生带着这个问题阅读课文，在个人思考的基础上分组或全班讨论。②再读课文，体会主要思想感情或深层含义。学习方法：先就课文表达的主要思想感情或深层含义提出一个问题，然后让学生带着这个问题再读课文，之后在组内或班内进行讨论。

3. 课外阅读指导课

（1）课外阅读指导课的基本特征。课外阅读指导课是为推动课外阅读，提高学生阅读能力，增强学生语言综合素养而确立的一种新课型。这是一种"学会阅读"的实践课，一般每两周安排一节，其基本任务是：激发学生的阅读兴趣，调动学生参与课外阅读的积极性；引导学生选择课外读物，制订课外阅读计划；指导学生总结交流读书心得，逐步增强阅读能力。语文教学实践证明，"多读"是增强学生阅读能力的重要途径。课程标准规定，九年课外阅读总量应在400万字以上。

（2）课外阅读指导课的教学模式。根据课外阅读指导课应承担的教学任务，可将这种课型分为两大类（表4-2）：

表 4-2 课外阅读指导课的教学模式

类别	内容
阅读兴趣培养课	阅读兴趣培养课一般安排在一、二年级。其基本任务是：根据学生的年龄特点，以生动活泼的导读方式激起学生对课外阅读的兴趣，培养学生爱读、乐读的感情，其教学步骤：一是以读激情，即通过多种形式的读（听赏法、读赏法、读演法等）来激发学生课外阅读的兴趣；二是情中探理，即在学生体验作品思想感情的过程中，教师或学生提出可供深思的问题，引导学生热烈讨论，探明文中道理，从而激起学生爱读、乐读的感情
阅读能力训练课	阅读能力训练课是课外阅读指导课的主要课型，各年级均须开设，但各年级的训练要求具有高、低层次之别。其基本任务是培养学生课外阅读的四种能力：一是制订和执行阅读计划的能力，包括课外读物的选择、阅读方法的运用、阅读时间的安排和阶段性自我检查的进行等内容；二是感悟阅读材料的能力，包括掌握精读、略读、浏览的基本要求，学会朗读和默读，同时要求在阅读中思考读物内容，思考重要词句，体验人物情感以及提出和解决问题；三是阅读技能的运用，如做读书笔记，写读书心得，使用工具书以及在阅读过程中随机圈、画、评、摘等；四是初步运用现代化信息技术的能力，如打开电子书刊、上网查阅资料的能力等。教学步骤：第一步：课前准备，就是师生共同选几本读物或几篇文章，学生每人选读一本（篇），同时教师提出阅读能力训练的要求，学生按照阅读能力训练的要求自主地读书和思考，做好发言的准备（包括质疑问难）。第二步：交流心得，可先分小组交流（按读物分组），然后全班交流，各组推选代表发言（举行读书报告会）。第三步：总结评价，尽量让学生都参与评价，以教师点评为主。

（三）小学语文不同文章主题的教学模式

小学语文教材中选入的课文可谓精品佳作、丰富多彩。尽管课文主题各异、表现手法纷呈，但仍有规律可循。如果在教学实践中，我们探索总结出不同主题课文的教学模式，就能取得事半功倍的效果。

1. 情感类主题的教学模式

一部分记叙文、诗歌、抒情散文属于情感类主题类型，教这类课文，教师就要像一位导演，利用各种手段，创设情境，渲染气氛，使学生在不知不觉中入情入境，进入"角色"。在这种强烈的感情氛围的作用下，教学自然水到渠成。

例如，《雨点》是一首现代儿童诗，分别写了雨点落进池塘、小溪、江河、海洋里的不同姿态，并用四个拟人化词语生动地描绘出来，而且课文的插图形象地再现了雨点的不同样子。教这类课文时，可以设计以下模式：创设情境，揭示课题—层层递进，引导初读—创设情境，读好课文—凭借板书，复述课文—创设情境，运用语言。

2. 哲理类主题的教学模式

寓言、童话、成语故事属于哲理类主题课文，教学这类课文，关键要讲清"事"，使学生通过"事"悟出其中的"理"，然后再延伸、扩展，明白这个道理在现实生活中的普遍意义和指导作用。例如，《画蛇添足》这个成语故事要让学生理解"那个先画好蛇的人为何喝不到酒"这个关键问题，从而明白"做对了，又做多余的事，反而不恰当"的道理，然后让学生联系实际，升华理解，促使学生在自己的学习和生活中自觉地做到：事情做好了，绝不做多余的事。

教师在教学这类文章的时候，可以采用如下教学模式：谈话引入，理解题目—初读课文，整体感知—重点感悟，揭示寓意—畅所欲言，各抒己见。

3. 形象类主题的教学模式

人物描写类文章属于形象类主题类型，教学这类课文，关键是让学生从人物的外貌、语言、神态、行动、心理以及环境等方面去分析、推敲，使有血有肉的人物形象跃然纸上，从而准确地把握文章主旨。

在形象类主题教学中，通常会以"他是一个怎样的人"为主导问题，引导学生抓住人物的动作、语言、神态描写来品味其心理活动，从而层层深入体会人物的内心世界和性格特点。当学生已经被课文的主人公及发生在主人公身上的故事情节深深地吸引时，顺势引导学生去发现，作者是如何把文章写得这样生动、深刻的，从而对写作方法、技巧进行相应的梳理和总结，使学生更容易依从自己对文本的体验，自主地进行"学"的活动。我们还可以设计仿写的环节，引导学生运用这一课所涉及的写作方法或技巧来进行仿写，给学生的"写"搭建平台。

4. 观察类主题的教学模式

部分散文（特别是写景状物类）属于观察类主题类型，教学这类课文，关键在于使学生学会运用定点、换点、比较、反复等多种观察方法，按照从上到下、从下到上、从左到右、从右到左、从外到内、从内到外、从整体到局部、从局部到整体等多种顺序观察事物，并能对观察到的材料进行分析、比较、综合等处理，协调材料与中心的关系。

教师在教学这类文章时，可以采用如下教学模式：直观导入，激发兴趣—整体感知，抓住特点—默读批注，深入体会—全班交流，品读评析—回归整体，梳理写法—读写结合，拓展练笔。

六、基于核心素养的小学语文阅读教学方法设计

语文课程应致力于学生语文素养的形成与发展。语文课程应激发和培育学生热爱祖国

语言的思想感情，引导学生丰富语言的积累，培养语感，发展思维，初步掌握学习语文的基本方法，养成良好的学习习惯，使他们具有适应实际需要的识字写字能力、阅读能力、写作能力、口语交际能力，正确地理解和运用祖国语言。同时，语文课程还应通过优秀文化的熏陶感染，提高学生的思想道德修养和审美情趣，使他们逐步形成良好的个性和健全的人格，促进德、智、体、美诸方面的和谐发展。语文素养是学生学好其他课程的基础，也是学生全面发展和终身发展的基础。

语文课程的多重功能和奠基作用，决定了它在九年义务教育阶段的重要地位。阅读教学作为语文教学的重要环节，是培养学生语文素养的关键，因此如何切实做好阅读教学，就成为广大教师探求、追寻的方向。作为一名小学语文教师，我把如何谋划阅读教学策略，提高阅读教学效率，摆在了重要位置。

（一）聚焦课堂教学行为不足

第一，教师缺乏对文本深刻解读。教学中，教师由于多种原因，在文本解读上做得不够，主要存在以下现象：①对文本的钻研意识不强。教师常常会有意无意地沿袭自己以往对教材的解读，在创造性地运用教材方面思考得很少，习惯上依赖教学参考书来替代自己对文本的解读。②对文本的研究能力不够。首先，缺乏学习。语文教师一般身兼班主任，事务多，很多时候忙于事务性工作，缺乏对文学作品的经常性研读，因此许多语文教师自身文学素养停留在原有水平上，思想、观念、文化意识更新也不快，这些都影响教师自身对文本的解读。其次，底蕴不足。语文教师对学生各阶段能力发展要求的模糊认识导致对文本价值的认识不到位。教材文本的解读具有特殊性，教师只有立足学生，对文本价值有充分的认识，才会有恰当的解读。

第二，忽视学生的个性化阅读。在阅读教学的课堂教学中，学生的个性化阅读被轻视淡化，教师往往以自己的思考和经验代替学生自身对文本的感悟和思考，师生对话、生生对话虽然多了，课堂虽然热闹了，但学生与文本的对话少了。阅读过程由教师包办代替，学生只满足于听懂讲解和被动训练，缺少举一反三、主动迁移运用的能力。对于学生而言，阅读是与课文的直接对话，是与作者情感相互交流的过程，应允许学生对课文有自己的正确理解和思考，允许学生对课文内容进行体验和交流，使学生受到情感熏陶，获得思想启迪，享受审美乐趣。

第三，忽视语言的积累运用。阅读教学一直存在这样一种误解，以为学习语言的关键在"理解"，只要理解了，就自然而然会运用，但真正积累下来的并不多。我们一直把阅读教学的重点放在培养学生阅读分析文章的能力上，而严重忽视了语言的积累，很少进行运用语言的训练，导致语文课堂教学中"理解语言"和"运用语言"的训练时间分配比例严重失调，很多学生在看完文章后，虽然理解文章内容，但就是无法用语言表达心中的感受，无法体现自己灵活运用的阅读理解能力。

第四，教学方法不能很好运用。小组合作学习成为新课程改革倡导的主要学习方式之一。于是，在一些教师的观念中，课堂上就应该组织学生分组讨论，不讨论就不足以体现出新课改的理念，结果课堂上"小组讨论"蔚然成风，不管问题有没有讨论价值，不管时机是否成熟，不管时间是否充裕，教师只要一声令下，学生立刻前后左右就近组合，迅速进入合作学习状态，开始有模有样地探究。几分钟之后又是一声令下，合作学习状态便戛然而止，每个学生迅速回位，准备汇报。整个过程中，既看不到合作的必要，也感觉不出合作中的分工协作，把合作学习简单地处理成讨论会，表面的热闹掩盖了实际的滥竽充数，小组合作探究成了课堂上的装饰性道具。

（二）探讨阅读教学策略

1. 有效进行提问，感悟文本内涵

（1）有针对性。教师所提的问题，既要针对学生的年龄特征、知识水平和学习能力，又要针对教材的重点和难点。而且教师发问时要心中有数，用不同的方式提出不同类型、不同层次的问题。教师提出的问题要能展示知识的内在联系，要有针对性，只有这样，才能激发学生对问题的兴趣。

（2）目的明确。提问是完成教学目标的方法和手段，是为突破教学重难点服务的。一篇课文或一节课的提问设计，应当有明确的教学目的，有助于逐步加深学生对课文内容的理解，有助于训练和培养学生的语文综合能力。

（3）有思维容量。教师的提问应该能激发学生思考，促进学生思维发展，培养和提高学生的探究能力。学生在回答这样的问题时，教师不能轻易否定学生的思维成果，不要把自己的意见强加给学生，只要学生说出的答案没有原则性的错误，就应该予以肯定。

（4）抓住重点。每篇课文都有它本身的语言逻辑、语言形式、结构规律，我们没有必要对它的每一个语言现象、段落结构进行提问。我们应抓住关键处进行提问，做到有的放矢、以点带面，让学生有想象的空间、思考的余地。

2. 倡导个性阅读，注重阅读体验

语文是人文性很强的学科，大多数阅读文章都包含着浓厚的感情色彩。阅读又是学生的个性化行为，所以在阅读中要关注学生的情感体验，充分尊重学生鲜活的生命存在，牢固树立学生的主体地位。学生只有直接面对文本，潜心读书，才能获得个人的理解、体验和感受。阅读还是一种从书面符号中获取和转换信息的过程，其特点是独立性、个体性。

这一过程教师的讲解代替不了，学生的合作学习也取代不了，必须靠自己在阅读中边读边想，开启心智。在阅读教学中，教师要营造良好的氛围，使学生回归常态，沉浸其中，真正读进去；要给足时间，使学生有比较充裕的时间读、思、画、批。

在阅读过程中要落实"对话"的理念，转变教师的教学方式和学生的学习方式。教师是阅读活动的参与者、引导者，要鼓励学生积极探索、独立思考、敢于发表自己独特的见解。改变原有的单纯接受式的学习方式，建立并形成旨在充分调动、发挥学生主体性的学习方式。以读为主，在自读自悟中，在边读边思中，在相互讨论中，在小组交流中，在合作学习中，动口、动脑、动手去学习阅读，理解词句。这样学生有自己的心得，有自己的看法和疑问，有自己的评价，有自己的体验，有自己的欣赏品位和审美情趣，让阅读过程真正成为快乐的精神体验过程。

同时，"学贵有疑"，知识往往是在解决问题的过程中获得的，而提出问题是解决问题的必要前提。阅读也不例外，要抓住重点，抓住关键问题，提出有价值的问题，这种能力对学生阅读水平的提高具有重要作用。因此，在阅读中要提出自己的疑问，要探讨疑难问题。只有这样，才能真正培养学生的语文实践能力，提高学生的语文综合素养。

3. 加强"读"的训练，提升阅读能力

阅读教学的基本模式为：初读课文—感知课文内容；精读课文—学习重点段；品读课文—走出课文，扩展视野。从中可以看出读是阅读教学的精髓，是阅读教学的生命线。我们要让学生理解地读，传情地读，读出韵味，读出感情，从读中真正体会到祖国语言文字的优美。

4. 巧用恰当评价，激励阅读内驱力

教学评价激励是实施阅读教学的必然保障，教学评价也是教育教学的润滑剂，无论是在课内，还是在课外，都对学生的阅读实践活动起着重要的导向作用。教师进行不同的评价活动直接影响学生的阅读水平。因此，对于学生阅读的理解，教师要随机应变地进行多元评价。作为教师应紧紧抓住课堂评价语言这一法宝，在教学中利用文本内容进行巧妙评价，激活学生的情绪，创造一种美妙的语境，让课堂评价语言真正发挥其独有的魅力，使被评价的学生都能得到学习成功的满足，都能提高学习的兴趣，都能更加积极主动地投入学习。

5. 增强读练结合，提高综合能力

核心素养下的语文课主要任务是训练思维、训练语言（同时也训练思想品德），而思维能力和语言能力，儿童时期打下的基础极为重要。因此，语文课应该把"练"放在突出的位置上。我们的语文阅读教学只有让"读"与"练"结合，在课堂中做到以读为本，

读练相融，才能让学生真正积累语言、感悟内化语言、迁移运用语言，才能全面提高学生的语言运用能力和语文素养，我们的阅读教学才真正扎实有效。

6. 加强合作探究，提高阅读质量

学生是学习和教学的中心，因而在阅读教学中我们要充分调动学生自主阅读和合作阅读的积极性。目前小学语文阅读教学已有较大的改进，如教师在课堂上改"教师讲"为"引导学生读书"，重视学生质疑，组织学生合作学习。但都因时间短，没有真正放手让学生讨论，没有达到预期的学习效果。

要提高合作学习的质量，首先要对学生进行合理的分组。在建立合作学习小组时，教师要根据学生的个体化特征、心理倾向、认知结构、接受能力等方面的差异，将全班学生分为不同层次，再把不同层次的学生重新组合，分为多个小组。每个小组都是全班的缩影，既有利于优等生带动中等生的"拔高"学习，又能帮助后进生的"达标"学习，还有利于在小组中形成互帮互促的学习氛围。其次是分工合理、内容恰当。为了最大限度地提高学生的参与率，要求每个成员在小组里都要担任一个具体的角色，这样才能在合作学习中得到锻炼。合作学习的目的是让每个学生尽可能地参与学习活动，从而掌握知识、提高能力。因此，选取合作的内容要有一定的趣味性，具有合作的价值，具有一定的深度和可评估性。科学的评价是合作学习有效开展的关键，为下一次开展合作学习奠定了基础。教师要根据学生的实际情况制定不同的评价标准，给予达标者鼓励性的评价，同时还要引导学生进行反思，使其体会到自己的进步，消除后进生的自卑感，使其增强自信心。实施评价时，不仅要评价学生的成果，还要关注学生合作学习的过程；不仅要评价每个学生的参与情况，还要关注小组的整体情况；不仅要评价学生的学习水平，还要关注他们在合作学习中表现出来的合作精神、投入程度以及情感与态度。

7. 重视语言艺术，提升阅读效率

语文教学的基本手段是教师以自己活的语言向学生传授知识，培养其语文能力，并对其进行思想教育和审美教育。即使在现代化教学手段普遍应用的时代，语文教学这一基本方式和特点也是不会改变的。从这个意义上说，语文教学，尤其是阅读教学，永远都是语言运用的艺术。

语文阅读教学艺术化要求教师的教学语言必须有独特的风格。或善于条分缕析、准确严密地阐明事理；或善于形象生动、绘声绘色地描述事物；或善于简明扼要、冷静客观地叙述；或诙谐幽默、富有情趣，善于诱发学生学习的浓厚兴趣等等。无数事实证明，一个语言表达颇具特色的语文教师，对学生在语言修养方面的影响是不可估量的，甚至使某些学生终生难忘、终身受用。所以，欲实现阅读教学艺术化，教师必须着意学习和训练教学

语言，讲究口语艺术，使自己的教学语言本身成为学生学习的典范。

（三）处理阅读教学关系

就语文课程和语文教学而言，当前语文教学费时多、收效微、学生负担重的情况依然存在，严重阻碍了语文课程教学改革的发展进程。就语文阅读教学来讲，我们应致力于语文阅读课堂教学的实效性，要在有效时间内提高学生的阅读能力，提升学生的语文素养，因而在优化阅读教学策略的同时，应处理好以下关系：

第一，在教学目标上，处理好每一课的教学目标、阶段目标和小学阶段总目标的关系。教师在现有情况下，必须充分明确和全面把握课程标准规定的小学阶段语文教学目标，特别是语文知识能力、方法习惯方面的目标。在教学每一课时，教师必须在教学行为中体现当前的教学目标、较长一个阶段的教学目标和小学阶段语文教学的总目标。为了达到各层次上的教学目标，教师应致力于解决学生当前存在的疑难问题，着眼于学生语文学习兴趣和爱好的培养，注重提升学生的语文素养和综合运用能力。例如小学低年级阅读教学的目标主要是培养学生阅读的兴趣，在阅读过程中识字、学词。识字、学词是低年级阅读教学的主要目标和任务。能够通过朗读或借助图画阅读来了解重要词句的意思，积累好词佳句，可视为完成了低年级阅读教学的目标。在教学目标的实现过程中，还存在教学目标无法实现或无法全面、彻底实现的情况，即教学目标不到位。

第二，在教学内容上，处理好教科书和其他教学资源的关系。一篇课文中存在很多空白和不确定性，不同教师从教学内容中挖掘出的内涵不同，教法也不同。以往的语文阅读教学习惯于一篇篇地分析课文内容，很多时候都在进行无效劳动，学生所得有限，教学内容或过于简单，或过于空泛，造成语文阅读教学的效率较低。在教学内容的确立上，应"依标扣本"，即依据课程标准，紧扣教科书。在备课时，教师应对教学内容做进一步筛选和取舍，做到教学内容简约适度。

第三，在能力培养上，处理好多元解读和阅读导向的关系。让学生在阅读的过程中获得真感受、真体验，这是课程标准所倡导的。使学生通过阅读获得独立见解，培养其独立阅读能力及创新思维能力，是语文阅读教学必须完成的任务，而完成这一任务的重要途径就是倡导学生对课文进行多元解读。但在实际教学中，教师在处理学生多元解读和教师阅读导向的关系时存在偏差，即让学生随心所欲地解读，导致解读过程不着边际，甚至笑料百出。因此，教师必须提高自身水平，处理好多元解读和阅读导向的关系。

第四，在备课上，处理好钻研教科书和进行教学设计的关系。在教学调研过程中，我发现有些教师对钻研教科书不够重视，把很多精力放在收集资料和制作课件上。事实上，教师在进行教学设计前，必须反复读课文，不仅青年教师要这样做，有经验的老教师也要这样做。

第五，在教学过程上，处理好预设和生成的关系。预设是教师课前对教学目标、内容、过程和方法进行的设计；生成是在教学实施过程中，对教学目标、内容、过程和方法进行的调整以及教师运用自己的教学机制和科学的调控方法提出的有价值的问题以及解决问题的新思路，还包括学生提出的出人意料的想法和有价值的问题等。预设是前提，生成是关键。预设要尽可能符合教科书的内容、学生的情况和教师的实际，特别是预设的目标，应当贴近学生的最近发展区。生成教学最能体现问题解决的过程，这就要求教师要营造民主、宽松、愉悦、和谐的教学氛围，充分发挥学生的主动性和积极性，使学生有问题随时可以提出，有意见随时可以发表，在师生、生生的互动交流中，碰撞出思维的火花，生成知识、方法和能力。

第六，在阅读技能上，处理好精读、略读和浏览的关系。精读、略读和浏览是三种阅读技能，也是三种阅读方法，这三种阅读方法的训练要贯穿在整个小学阶段。精读是培养学生感受和理解课文的能力，在阅读过程中习得阅读方法；略读是粗略的、不做深究的阅读，是引导学生运用在精读中习得的方法，通过较快的阅读来粗知课文大意；浏览是指一目十行地看，甚至要跳看，浏览除了用于平时的消遣阅读，还有一个功能是用很快的速度捕捉到自己需要的有用信息。在整个小学阶段的阅读教学中，从低年级到高年级，应逐渐培养学生精读的能力，教会他们阅读的方法；通过略读让学生读更多的东西，进一步培养和提高他们整体把握的能力；培养高年级学生浏览的能力，通过指导学生读更多的文章、资料甚至整本书，来培养学生寻找、整合所需信息的能力。我们不仅要改变阅读教学方法，还要增加教学容量，增加略读、浏览的内容。

第七，在综合能力培养上，处理好学读和学写的关系。语文教学的本质是听、说、读、写并重，而我们的阅读课常常只管读不管写，也有的把写作为点缀。以往的阅读教学效率低，不仅表现在学生的阅读能力差上，还表现在读写分离、只管读不管写的问题中。小学中年级的阅读教学，可以让学生在熟悉课文语言材料和写作方法的基础上仿写句子，例如按时间的顺序或按事情发展的顺序来写一篇小短文。小学高年级可以让学生学习课文中写人的方法、记叙的方法、描写的方法、状物的方法，仿照着写人、记事、写景、状物。教师要结合阅读教学经常进行的写作训练，例如让学生写读后感，进行续写、仿写、改写等。有些教师让低年级学生画一幅简单的画，然后在画的旁边写句子，采取文画相配的形式，学生很有兴趣。有些教师让学生分组写循环日记，一人一篇，这种日记传下去，不仅训练了学生的写作能力，还对学生之间的情感交流大有益处。

第八，在学习途径上，处理好课内学习和课外发展的关系。课内学方法，课外求发展，这是新课程改革提出的一个重要思想。语文学习要"两条腿走路"，一条"腿"是

"有师指导"；另一条"腿"是"无师自通"。教师应该让学生在生活中、在自然中、在社会中、在广阔的天地里学会用语文，体会并实践语文的"有用性"。阅读教学应尽可能地扩大学生的见闻，开阔学生的视野，鼓励学生多走走、多看看、多感悟、多思考；让学生在完备的课堂学习和丰富的社会实践中观察、思索、行动，为语文学习积累素材，为心灵成长寻找机遇，为全面发展搭建舞台。

总而言之，阅读教学是小学语文教育中的关键部分，我们在教学过程中要基于学生核心素养的培养，努力探讨阅读教学策略，探索学生有效学习语文的方法，以达到学习效益的最大化。同时，在努力探讨阅读教学策略中，还要正确处理好阅读教学的几个关系，这样才能真正发挥好阅读教学课堂的有效性，才能真正把提高学生的核心素养落到实处，为学生进一步学习奠定坚实基础。

七、基于核心素养的小学语文阅读教学活动设计

（一）教学活动要对应教学目标

教学目标的达成需要相应的教学活动来落实，教师设计的教学活动应该始终围绕教学目标，每一项教学活动都应该对应相应的教学目标。以《小露珠》一课为例，围绕"在教师的指导下用普通话正确、流利地朗读课文"这个教学目标，我们可以设计这样一系列的朗读训练活动：

第一，读熟短语。课文中出现了大量的短语，因有多个修饰语，学生一时难以正确停顿、流利朗读，唯有进行专门的层级训练，学生才能逐步掌握短语的基本结构和停顿、粘连、重音的朗读技巧，做到正确、流利地朗读短语。

第二，读通课文。组织学生自由地、大声地练习朗读课文，并选择自己难读好的段落当众朗读。朗读教学就是要在学生感觉最困难的段落上进行有针对性的指导，或示范、或指正、或反复训练等等。总而言之，就是要实实在在地帮助学生克服朗读中的困难，提高朗读水平，这样的训练才是真正的训练。而只让学生读自己喜欢的段落，或者读自己满意的段落，学生就很难得到真正需要的教学指导。

第三，情境演读。教师扮演小露珠，学生扮演小动物及花草树木。教师随机走到学生中间，向学生问早、问好，学生依据自己的角色礼貌地回复、问好。这个演读的训练，将课文中的对话训练转化为生活化的情境会话，使课文语言转化为学生自己的生活化语言，进一步提升了学生的朗读能力。

如此三项朗读教学活动，分别安排在教学的不同阶段，并且都对应着朗读教学的目标，教学活动扎实有效，朗读教学目标的实现自然水到渠成。如果只让学生自己去读，教

师没有切实的指导与有目的的训练，学生的朗读能力就难以长进。

（二）教学活动要能够递进有序

凡是一流的教学方案，都应该有一个严谨的向心结构。向心结构，其中的"心"很重要，"心"就是语文课堂要达成的核心目标。"心"确立好之后，便要努力使"学习过程结构化"，即向心结构不是简单的"活动叠加"，它要考虑环节之间的内在逻辑，既要遵循由易到难的认知逻辑，又要符合学习内容的内在逻辑和学生学习建构的经验逻辑。因而，它不是平铺直叙的，而是分层次递进的。

以《第八次》为例，教师围绕"学习抓要点听故事、讲故事的策略；明白'蜘蛛结网'和'布鲁斯第八次抗争'的内在联系，能展开合情合理的想象，替布鲁斯代言，撰写战斗动员书"这样的"向心"目标，设计了"听故事·记要点""借词串·讲故事""想象代言·扩写故事"三个层级递进的教学板块。在"听故事·记要点"板块，主要让学生读题质疑，并在听中解疑，理清故事的起因、经过和结果；在"借词串·讲故事"板块，又分"练读课文，正确流利""化段为词，读准词串""借助词串，练讲故事"几个层次展开，既让学生练习抓住要点，讲好《蜘蛛结网》和《布鲁斯第八次抗争》两则故事，又让学生明白了"故事套故事"的表达方式，还让学生水到渠成地领悟到，这是一只不灰心、从头干、不怕失败、屡断屡结、永不放弃的蜘蛛；在最后的"想象代言·扩写故事"板块，则分"读说结合，走进内心""角色转换，表达代言"两个层次，让学生成为文中角色，体会并表达布鲁斯王子从蜘蛛结网中受到的震撼与启迪，并为布鲁斯代言，撰写战斗动员书，完成情境写话练习。

一堂阅读课一般可以设计三四个教学板块，每个教学板块都围绕核心目标，融合多项教学活动。这样每个教学板块都有充足的教学活动时间，可以实现多项教学目标，促进学生多方面的发展。

例如，在《我和祖父的园子》一文中，可以设计四个教学板块：①词语归类听写；②读悟园子景物；③体悟童年生活；④仿写"借物抒情"。其中每一个板块都综合了多项教学活动，如第一板块的"词语归类听写"，要求学生听写三组词语。看似简单的听写活动，其实暗含了多项教学目标：①培养学生倾听的意识。听写时，教师每组词语只念一遍，要求学生听清楚，记住，再默写。由于每组词语有 4~5 个，学生若不专心地倾听，就会"前听后忘"。②训练学生短时记忆的能力。学生要在短时间内记住 4~5 个词语，需要方法与诀窍。有的学生运用"纲要信息法"，只记每个词语的第一个字；有的学生发现这几个词语之间的联系，运用归类记忆法。如此，学生的短时记忆容量就会逐步扩大，记忆方法也会日趋科学，记忆能力就会得到提高。③帮助学生归类巩固词语。这三组词语，勾勒出了课文的整体结构：先写园子里的昆虫，再写园子里的童年生活，最后写园子里的作物，这为学生进入下面的学习板块做了铺垫。饶有情趣的听写训练活动，使学生一举多得，教学自然卓有成效了。

（三）教学活动要体现向度价值

教学活动应在以下三方面体现不同的向度价值：

第一，有效思维的"长度"。有效的阅读教学必定具有理智的挑战，没有思维含量的阅读教学难免肤浅而乏味。对于词句的理解、思想的辨析、写法的领会等，都需要学生积极的思维活动。不管是学生独立思考，还是群体交流、碰撞，都会让学生产生自己的见解、自己的思想。而思维的果实，才是学生最大的学习乐趣和动力。问题不在于数量多少，而在于是否有思维的质量与思考的空间，有挑战的问题才具有吸引力。可见，有思维质量的教学活动才真正具有教学的力量。

第二，情感体验的深度。任何教学活动唯有真正触及学生的精神世界和心灵深处，才具有情感的力量。我们应该避免那种贴标签式的阅读活动，总以为学生能用词语表达自己的喜怒哀乐，就得到了情感体验。事实上，情感体验是学生在静思默想中酝酿的，是学生在全身心投入的朗读中生发的，是学生在与课文内在的情感产生共鸣时形成的。因此，教学活动宜让学生有足够的时间直面课文，潜心会文，在学生情感体会不到的地方，教师要给予重视。

第三，语言训练的宽度。教学活动的外在形式主要就是学生的听、说、读、写活动，而活动的凭借就是语言，是言语实践活动。既然是教学，必然有教师的指导与训练，这有别于生活中自然状态下的言语交际活动。在课堂教学活动中，我们设计的言语训练活动必须能够促进学生发展，而不是在已有水平上的简单重复。有的教师在学生理解、感悟课文思想内容之后，往往让学生将自己此时的感想用文字写下来，以为这是进行写的训练。其实，这样的活动仅仅是让学生写作业而已，对于提高学生的写作水平，基本上没有太大的促进作用。有效的写是需要有要求与指导的，如教学《我和祖父的园子》一课时，鼓励学生将课文中描写作物自由自在的段落背诵下来，并模仿这种特殊的表达方式"……愿意……就……，想……就……"，写一写"我"在园子里自由自在的童年生活，让学生在仿写中进一步加深对"自由、快乐、幸福"的体会，这样的写作活动才是有宽度的，才能进一步丰富学生的表达方式，促进学生言语智慧的发展。

总而言之，语文教学应该充满语文的滋味。语文教学离不开字、词、句、篇，离不开听、说、读、写，离不开理解、感悟、积累、模仿、迁移等实实在在的语言实践活动。在这些教学活动中，要让学生直面文本、触摸文字，让学生有足够的时间和空间，更充分、更自主地学习，促使学生从具体的语境中学得言语结构，习得言语能力，并能在新的问题化语境中加以运用，实现言语的交际功能，获得成功的言语体验。

当语文课超越了课文内容的解读分析，落实了课程目标，每节语文课一定会具有由内而外的"魅力"，成为"启迪智慧"的课堂，成为学生语文素养生长序列中的重要环节。

八、基于核心素养的小学语文阅读教学设计优化

（一）解读核心素养含义，树立正确教学理念

第一，基于语文核心素养。培养学生的语文核心素养是教育改革的一项重要目标，教师要深入解读核心素养内涵，确立正确的小学语文阅读教学理念。小学语文阅读教学中，要培养学生的阅读理解、文化感受、语言表达、思维能力等。

第二，开展生活化阅读教学。学生的认知能力有待培养发展，对生活的观察和体验，是他们认识事物的基本途径。学生充满生命的活力，对陌生事物具有强烈的好奇心，在阅读教学中，教师要重视生活化阅读教学，把阅读和生活有效衔接起来，让学生爱上阅读。

第三，发挥学生在阅读教学中的主体作用。在课堂教学中要重视学生的主体地位，留给学生自主学习的时间。如在教学课文《在牛肚子里旅行》时，教师可以设置这样的问题："青头用语言鼓励着红头，红头遇到危险时，青头也给予红头无微不至的关心，请同学们找出青头对红头关心的动词，说说你看到了一个怎样的青头？"让学生带着问题自主阅读，并通过"学习卡"的形式，让学生在阅读中自主发现、探究，充分发挥了学生在学习中的主体作用。

（二）结合核心素养要求，革新阅读教学方法

1. 培养学生的阅读理解能力

首先，教师要梳理语文教材的知识体系，如运用思维导图的形式呈现教材内容；其次，在阅读教学中，教师要认识到学生的个体差异，与学生积极沟通，有针对性地开展教学；再次，要丰富阅读教学方法。教师要突破传统阅读教学模式的局限，以丰富多样的教学方法培养学生的阅读理解能力。结合学生的差异设计教学活动，让学生在阅读中交流。高效阅读的方法有很多，如对照阅读、重点阅读、批注阅读等，教师须结合学情灵活运用。统编小学语文教材介绍了很多关于阅读理解的方法，如在教学课文《大青树下的小学》时，教师可以引导学生抓住课文中"傣族、景颇族、阿昌族、德昂族"的关键信息，体会这是一所民族大团结的学校。

2. 锻炼学生的语言表达能力

语言表达能力的提高需要经过长时间循序渐进地训练。小学语文阅读教学中，教师要结合教学内容和学生的学情，为学生创造语言表达的机会，让学生口头讲述自己的阅读感悟。如教学课文《观潮》时，教师可以在"感悟文本"环节提出问题：你认为"天下奇观"到底"奇"在何处？请同学们边读课文边用"横线"划出你最能感到大潮"奇特"的词句。随后引导学生开展小组学习，交流学习感悟。教师还须关注学生书面语言的表达。如在阅读教学中，教师可以让学生把对阅读内容的感悟，以书面形式表达出来，在学生完成写作任务后，教师应给出及时的阅读评价，对不足之处提出修改意见，不断提高学生的书面语言表达能力。

3. 培养学生良好的思维能力

（1）开展情境化教学，引导学生思考。"针对学生活泼好动、表现欲强、爱表演的特点，教师可以创设情境化的阅读教学，让学生置身于与教学内容相关的情境中，加深对课文内容的体验，并通过阅读与具体情境的有效融合，引领学生去思考，提升思维能力。"如在教学课文《将相和》时，教师可以让学生分角色扮演，将"完璧归赵""渑池会面"的故事生动形象地表演出来，使学生更加深入地体会到蔺相如的机智勇敢。

（2）开展阅读活动，提高逻辑思维能力。开展多种形式的阅读活动，可以训练学生的逻辑思维能力，提高语文素养。如在教学课文《普罗米修斯》时，可以设计"质疑因盗而罚，引导学生思辨"的环节：同学们，老师有个疑问，宙斯该不该惩罚普罗米修斯呢？请阅读全文后开启一场小组辩论吧！这样，学生进一步理解了"盗"这个字简单而复杂的含义，对宙斯惩罚普罗米修斯的行为，达成了相对一致的观点。

（三）评价注重过程发展，助力核心素养提升

随着新课改的不断深入，小学语文阅读教学评价更加重视对过程的评价，这样就对学生参与教学活动的过程做出了评价，弥补了传统教学注重结果、轻视过程的不足。阅读教学过程的评价，从多个角度展开，提高了科学性；促进学生的全面发展，了解教学中存在的问题最为重要；使学生在学习过程中，得到教师的关爱和帮助，促进学习能力的提升。如在《鸟的天堂》一课的教学评价中，主要可从教学理念是否合乎新课标，教学特点是否与课型特色吻合、多媒体对教学起到了怎样的作用等方面展开。

新课改背景下，基于培养学生语文核心素养的小学语文阅读教学，需要教师在教学实践中不断总结创新，全面优化自己的阅读教学设计。关注学生的阅读理解、文化感受、语言表达、思维能力发展，培养学生的语文核心素养。

第二节 基于核心素养的语文口语交际教学设计

一、基于核心素养的语文口语交际教学类型设计

关于口语交际有哪些训练形式说法不一，从语言表达角度分，有质疑、求助、采访、答问、评价、介绍、接待、探访、请求、汇报、演讲、辩论等；从实践运用角度分，有对话、演讲、辩论、谈判等。根据小学生实际的口语交际使用范畴，还可以设计以下口语交际训练形式：自我介绍、口述见闻、工作汇报、祝贺感谢、接待客人、求助于人、自由议论、争辩问题、主持会议、交易商谈。根据上述不同的口语交际训练形式，可以将口语交际教学分为三种类型：独白型、对话型、表演型。

（一）独白型

独白型口语交际指独自进行较长而连贯的言语活动，听众与说话者没有直接的言语交流，一般通过表情、气氛回应。独白型口语交际教学内容包括介绍。例如，自我介绍、介绍朋友宾客、介绍家庭、介绍家乡、介绍一张照片、介绍一个民族、介绍一座城市、介绍一处名胜古迹或世界名城、介绍一种动物；包括陈述，如说说个人的观点、说说自己的奇思妙想、说说自己的愿望、说读后感观后感、说经验谈教训、说目击情况、发布小小新闻；包括演绎，如说笑话、说故事、说相声、说广告、朗诵诗文。

独白型口语交际的主要特点是以说话者为口语交际的主体，口语交际目标一般为事先预设，指向明确，交际的内容相对单一、独立，结构比较严谨、完整。如自我介绍，口语交际的目的就是为了让别人了解自己，交际的内容集中，一般不涉及和"我"无关的内容，介绍时需要有开场白，还需要分几方面介绍"我"的个性、特点、爱好，最后还应该有结束语等，整体结构比较严谨。

（二）对话型

对话型口语交际是由两个或两个以上的人参与的、双向性或多向性的、以口语为载体的信息交流活动，也是人际间使用最广泛、最直接、最灵活、最简便的言语交往形式。对话型口语交际以对话为主要方式，包括道歉、做客、祝贺、待客、转述、劝阻、商量、请教、赞美、批评、安慰、解释、采访、辩论、借物、购物、指路、问路、看病、打电话、邀请等。

对话型口语交际体现了交际双方来往的互动过程，需要双方互相配合进行言语活动，参与对话的人既要认真倾听，还需要根据实际情况表达自己的想法，回应对方的问题，因此在口语交际过程中交际双方互为主体。对话型口语交际的目标一般事先预设，但由于交往的过程中常常会出现不确定因素，因此交际目标也会因为实际情况的变化而即时生成。对话型口语交际话题灵活、内容丰富，既可以集中在某个话题上深入全面地展开，也可以由一个话题发散开去，转入另一个话题的探讨。对话型口语交际需要听说相互配合，既要注意全面理解别人的发言，又要能围绕话题发表自己的意见。由于对话型口语交际是一种面对面近距离的交际，因此，可以使用口语来使交际更随和、自然。

语文课程标准十分重视交往互动，不仅在口语交际总目标中提出了"学会倾听、表达与交流"的要求，各学段目标对交际互动也分别提出了具体要求：第一学段"与别人交谈，态度自然大方，有礼貌"；第二学段"听人说话能把握主要内容，并能简要转述"；第三学段"与人交流能尊重理解对方"等。对话型口语交际教学为落实以上教学目标提供了可能。

（三）表演型

表演型口语交际教学的主要内容包括表演童话剧、表演课本剧、当众演讲、主持节目等。

表演型口语交际是一种兼具独白型和对话型特点的、以语文综合实践活动为主要特征的口语交际类型。表演型口语交际有别于真实的日常口语交际，它除了承担"口语交际"的任务，还有提高学生综合素质的要求。例如，表演课本剧，首先，需要将课本内容简单地改编为可以表演的剧本形式，这对学生的写作能力有一定要求；其次，需要进行简单的环境布置，这对学生的审美能力提出了一定的要求；再次，在表演的过程中，要运用独白叙事，或者对话交流等，整个交际过程内容丰富、形式多样，体现了口语交际综合性的特点。

二、基于核心素养的语文口语交际教学策略设计

教学策略是指在教学过程中，为完成特定的目标，依据教学的主客观条件，特别是学生的实际，对所选用的教学顺序、教学活动程序、教学组织形式、教学方法和教学媒体等的总体考虑。口语交际教学中选择有效的教学策略，能提高教学的有效性，促进学生口语交际能力提高。基于核心素养的语文口语交际教学策略设计具体如下：

（一）兴趣激发

兴趣是个体力求认识某种事物或从事某项活动的心理倾向，它表现为个体对某种事物

或从事某项活动的选择和积极的情绪反应。兴趣也是认识和从事活动的巨大动力，是推动人们去寻求知识和从事活动的心理因素。因此，口语交际教学中，应当重视学生交际兴趣的激发，鼓励他们主动、积极地进行人际交流。

1. 话题有趣且要求适当

口语交际的话题应当符合学生的年龄特点，激发兴趣。例如，再现学生熟悉的生活、学习场景；提供社会时事、热点新闻；选择学生感兴趣的影视作品；提取学生中有分歧的观点；提供以应用能力为主的活动情境等。口语交际的要求应当符合学生的认知水平，教学要求不能只满足于甚至低于学生发展的现有水平，这样难以激发学生的参与兴趣。当然，口语交际的教学要求也不能过于远离学生的发展水平，这样学生会因为要求过高而产生畏难情绪。

2. 内容丰富且形式多样

小学生兴趣的稳定性和持久性相对比较差，因此教师应当通过丰富的内容、多样的形式来激发学生口语交际的兴趣。活动的设计要贴近生活，富有儿童气息，采用的形式要为学生所喜闻乐见。例如，观看录像、角色模拟、悬念设计、猜测假想、小品表演、故事续编、讲述见闻、作品展览、评比竞赛、实践运用，让学生在"玩一玩，说一说""画一画，说一说""做一做，说一说""演一演，说一说"中，形成浓厚的交际兴趣。

3. 氛围和谐且多加鼓励

氛围是指"笼罩着某个特定场合的特殊气氛和情调"。教学氛围的营造包括物态的和心态两大部分。

物态氛围主要指教室环境和儿童的课外生活。口语交际兴趣的激发，需要合适的物质氛围。口语交际比较多地在教室中进行，因此，教师就要根据特定的交际话题来调整教室氛围。当然，口语交际不必只局限在教室这一小范围中，走出教室，走入社会，到田野、果园，到农场、企业，到社区、街道……那里或许更能激发起学生交际的欲望，山川河流、名胜古迹都能够成为口语交际理想的物态环境。

心态氛围是一种社会情感气氛，它影响着群体的集体精神、群体的价值以及每一个学生的内心世界。课堂中教师真挚的情感、浓浓的爱心、亲切的话语、和蔼的微笑会产生极大的感染力，能营造和谐、愉悦的氛围，对课堂教学效果产生"助推"作用。

（二）情境创设

建构主义理论认为，学习者要想完成对所学知识的意义建构，即达到对该知识所反映事物的性质、规律以及与其他事物之间联系的深刻理解，最好的办法是让学习者到现实世界的真实环境中去感受、去体验。传统的教育常常在人工环境而非自然情境中教学生那些从实际中抽象出来的一般性的知识和技能，而这些东西往往会被遗忘或只能保留在学习者头脑中，一旦走出课堂到实际需要时便很难回忆起来。知识总是要适应它所应用的环境、目的和任务的，因此，为了使学生更好地学习、保持和使用其所学的知识，就必须让他们在自然环境中学习或在情境中进行活动性学习，促进知与行的结合。这一理论对口语交际教学有一定的借鉴意义。口语交际具有很强的实践性，它需要在一定的情境中，通过实践运用来形成口语交际的能力。没有具体的情境，学生就不可能承担有实际意义的交际任务，也不可能有双向互动的实践过程。情境创设的恰当与否，将直接影响学生口语交际能力的形成。

1. 依据不同类型来创设情境

（1）模拟真实情境。创设恰当的口语交际情境，能激发学生的兴趣，引发交际的欲望。因此，教师要借助图画、音乐、场景、录像等手段在课堂上营造一种平等和谐、自由合作的氛围，把学生带入真实的情境，帮助学生进入角色。

（2）提供典型案例。案例本身就是一个交际的情境，提供典型案例让学生去交流、讨论、发现，不仅可以对案例形成个人独特的见解，而且在这一过程中培养学生的口语交际能力，形成敢于大胆发表自己的观点，尊重、理解他人的良好态度，以及讲文明、懂礼貌的良好修养。

（3）设计问题情境。所谓创设问题情境，就是充分利用学生的好奇，于新旧知识的衔接处，设置一种有新意、有趣味的"疑"境，造成一种教学内容和学生心理的"不协调"，从而激发学习动机。问题既是学习者最初的动机，也是整个学习过程的牵引力。问题情境是促进学习者进行自主探索和主动学习的条件。

2. 采取多种方式来创设情境

（1）用生动的语言描绘情境。教师用富有感染力的语言为学生创设生动的情境，能使他们积极主动地融入角色，找到情感共鸣点，产生情感回应，在言之有物、言之有序的基础上做到言之有情。

（2）用实物图片创设情境。小学生智能发展处于初级阶段，他们需要借助具体、直观的事物来帮助理解。直观形象的实物、图片展示，能吸引学生的注意力，便于他们仔细观察，从而使得学生的观察能力和思维能力得到培养，使口语交际的条理性和准确性得以提高。

（3）运用多媒体丰富情境。多媒体集音画于一体，通过视频和音频创造生动丰富的形象，对学生的视觉、听觉产生冲击，让他们产生身临其境的感觉，不仅能激发学生口语交际的兴趣，对他们理解、分析、判断信息以及合理地选择和利用信息也有帮助。

（4）运用角色表演走进情境。喜好表现是儿童的天性，在真实的表演中，学生的情感能自然流露，交际的欲望十分高涨。因此，教师应当选择贴近学生生活的口语交际内容，采取他们熟悉、喜爱的方式，让学生边表演边进行口语交际。例如，可以在做游戏的过程中进行口语交际；可以将教学内容演变为具体的生活内容，让学生进行表演；可以将课文内容改编成情景剧；可以将静态的口语交际内容改变为以交际为目的的动态的表演内容。只要符合学生年龄特征，能激发学生说的欲望就行。

（5）组织有趣的活动活化情境。有趣的活动能使交际的情境活泼、生动，更容易激发学生的积极性和创造性。在活动中，学生动手、动脑、动口，调动多种感官参与口语交际，使口语交际自然、深刻。由于大多数活动需要合作，这不仅培养了学生的交际能力，还能形成人际合作意识，对学生综合素养的形成大有裨益。例如，做一做拼图，玩一玩有趣的游戏……让学生在切身体验后，再进行口语交际。

（三）态度习惯培养

语文课程标准从知识与能力、过程和方法、情感态度和价值观三个维度全面地表述了口语交际的教学目标，特别是对学生交际时的态度习惯和价值取向提出了要求。尽管这不是口语交际的核心要素，但是却影响着口语交际的效果，也影响着学生良好语文素养的形成。

第一，良好的倾听习惯。倾听的要求为：①全神贯注地倾听。全神贯注地倾听就是在听人讲话时注意力高度集中。②适度参与互动。插话时一定要注意适时、适度、有礼，这样才能使交际在和谐愉快的氛围中进行。③尊重理解对方。

第二，文明的言语要求。①使用普通话；②使用礼貌用语。使用礼貌用语是社会文明的重要特征，也是个人素养、品德和语言修养的直接表现。适时、适当地使用礼貌用语能给人亲切、和蔼、大方、有教养的感觉，能获得别人的理解、尊重和好感，能营造出一种健康、积极、和谐的交际氛围。

第三，得体的体态语。体态语是通过表达者的表情、目光、手势、体态等方式配合有声语言传递信息、交流思想的辅助工具，是一种诉诸听众视觉的伴随语言。

第三节　基于核心素养的小学语文写话教学设计

写话教学是小学低年级语文教学的难点，写话教学涵盖对学生观察、表达、思维的综合训练，在倡导发展学生核心素养的背景下，语文教师须挖掘语文核心素养和儿童写话的机理与结构，创设丰富生动的课堂环境，在寓教于乐、以学带教的课堂文化中科学有效地提升小学生的写话能力。

一、基于核心素养的小学语文写话教学本质解读

写话教学是指在小学低年级语文课堂中对儿童进行的书面语言训练，包括"看""想""写"三方面要素。核心素养是学生在接受相应学段教育过程中，逐步形成的能促进个人发展和适应社会需求的处理复杂事务和未知情况的高级思维和能力。"基于核心素养的写话教学在教学目标、教学过程、教学评价等环节要彰显人的全面发展理念，侧重学生学科素养的培育，在写话教学的课堂互动中消解二元分立的思维方式，呈现多元化的写话思维品质；重视对学生写话过程的评价，不唯传统的只注重学生的写话作业、分数等课堂评价方式，评价方法包括增值性、发展性和生成性的课堂评价及课后评价，重视学生写话的反馈，与学生沟通协商，以此作为之后改进学生写话能力的重要依据。"

二、基于核心素养的小学语文写话教学设计特征

语文核心素养涵盖"语言建构和运用""思维发展和提升""审美鉴赏和创造""文化理解和传承"四个维度。对培养学生语文核心素养的关系结构而言，小学语文写话教学无疑涵盖在前三者范畴内。语文核心素养维度本质上呈现的是一种由简单到复杂的阶段。第一阶段"语言建构和运用"要求在语文教学中培养语感、整合语理、运用语境交流。相应地，小学语文写话教学计划要重视学生的学习基础和学习进度，体现锻炼语感、通晓语理的教学目标：一是积累必要的字、词知识，注重基础知识对后续写话能力发展的指导和促进作用。二是积累丰富的语言句式，利用教材中的阅读材料进行量的积累，为提升写话教学质量打下基础。因此，教师在一年级阶段要进行难度不一的"常态训练"，以查字典、朗读、默读、听说、习作等常规方式建构交流的课堂语境，辅助学生掌握熟练的语言技能，使之常态化。第二阶段的"思维发展和提升"包括"直觉与想象、推理与实证、批判与发现"等内在性要素，从写话教学的课堂实践来看，随着写话的深入，学生深层次的语言能力要以上述形式作为媒介来强化和展示。第三阶段的"审美鉴赏和创造"包括"体验与感悟""欣赏与评价""表现与创新"，教师应引导学生观察、体验生活，在写话中描述生活、感悟生活，通过不同的语句来表达对生活的美感。

三、基于核心素养的小学语文写话教学设计逻辑

核心素养导向下的小学语文写话教学区别于传统的写话教学，其结合语文素养内涵和写话教学特点建构写话课堂，遵循情境适应、过程生成、聚焦发展的教学逻辑。

（一）情境适应——知识与自然的有机融合

现代教育理念倡导小学课堂教学建构仿真情境展开教学。写话教学作为一门语言教学

活动，须师生双方根据写话主题、内容建立听说互动的真实情境。典型的代表是自然教育情境。写话的素材或灵感、小学生的早期经验都与自然教育情境有关。学生的语言思维能力发展效能与外部环境创设呈因果条件关系，写话教学的课堂实践往往需要创设写话互动的真实情境，通俗地讲，观察大自然、激发写话兴趣是写话情境的基本旨向，在情境创设中，教师将课内知识与自然有机融合，能给学生带来更多的灵感，有助于学生将观察大自然所得创编成儿童诗歌。

（二）过程生成——构建多元化写话过程

小学生正处于发展直觉思维阶段，需要借助更直观的过程感受来提升写话的能动性。传统的小学课堂重视"教师、教材、教案"三中心，忽略了儿童建构课堂的表现变化的复杂性、生成性和不确定性，因此，教师要摒弃传统的课堂教学理念，重视写话交流的师生共同建构过程。写话教学是生成性的教学过程，要根据课堂中的师生互动情况及时调整上课思路和教学方式，重视小学生在写话训练中的个性化表现，注重构建开放的、互动的、动态的、多元的写话课堂文化。写话教学并非教师完全按照预定的教学目标、遵循程序化的教学路线进行，也并非小学生无目的、自发地写话，而是在教学过程中根据教学目标，对学生的写话内容做出价值判断，不断调整教学，还原写话的文本背景，拓宽写话的习作时间，进行写话的课堂评价，以创设更有利于小学生写话的教学环境，同时，它也是基于教学生成性的动态调适过程。例如，在教学习作范文《要是你在野外迷了路》时，教师引导学生走进自然，观察太阳、大树等事物不同时间、不同情况的变化，结合课文内容提供的辨别的方法，具体感受如何辨别方向。感受具体的辨别方向的方法。让学生通过观察、体验、实践获得这些知识远比课本上的知识更加真实、生动、立体。在领会课文内容的基础上，学生通过教师的引导，增强了学习课文的表达欲望，甚至可能会激发仿写、续编诗歌的兴趣。

（三）聚焦发展——聚力核心素养的培育

在小学低年级写话教学中，学生尝试写话的个性思维、心理状态属于智力发展的范畴；力求掌握写话的词汇、连贯的语言表达，基于主题范文写话的鉴赏和二次创造，通过写话发展审美情趣，借由图画或者观察生活中的事物表达不同的感想，皆属于非智力层面的因素。写话教学应该聚焦于学生深层次的情感表达和培养，对学生学习品格、思想的熏陶。好的写话课堂应注意构建良好的师生关系，使学生理解写话的内在机理和产生良好的实践体验。这也是在强调核心素养导向的目标，即学生必备的品格与能力是融合发展的。

写话教学在教学方法上推崇"以学论教"，以学生写话的文化心理和生活背景展开，设计衔接学生个体经验的写话主题和活动，重视学生的协商和共识；在教学评价上倡导过程性的评价理念，不唯学生单一的写话作品为评价的依据，而是以学生描述、学生日记、与学生交流的记录等形式作为评价的重要信息，以增值性评价逐步让学生丰富写话技巧，鼓励学生积极写话。

四、基于核心素养的小学语文写话教学设计创新

根据上述核心素养视域下写话教学的内涵、特征与逻辑，语文写话教学可从创设情境、联系生活、根据图画三种途径培养小学生的写话能力。

（一）创设情境，加强情感体验

教师在写话教学中创设情境，模拟再现事情产生的过程，能让学生在学习中产生较强烈的情感共鸣，增强情感体验。因此，教师应把情境与学生实际结合起来，根据课文内容创设相应的教学情境，让学生联系生活实际开展写话训练。每一册教材中都安排有"口语交际"板块，主要目的是锻炼学生的口头表达能力、写话交际能力，为学生写话打好基础。教师根据学生的生活经验设计口语交际情境，能准确地激发学生的学习兴趣、满足学生的学习需求。

（二）联系生活，表达真实想法

写话教学不必局限于课本内容，与小学生活紧密联系的事物，都可成为写话的素材。写话教学应从学生的实际情况入手，设计贴近学生现实生活的写话主题，增添生活化的内容，选取学生平时生活中有趣的、新奇的对象（如动植物）或经历的事情，教给学生细心观察的方法，让学生充分调动各种感官去感受，有所思考，有话可说、有话可写。久而久之，学生所积累的写话素材就会更丰富，内心的情感也会更加丰富。教师多鼓励学生大胆表达，将自己心中所想真实地描述出来，将真情流露出来，学生的写话作品就会有情感、有思想。

基于现实生活开展语文写话实践，教师除了要关注生活日常，调动学生生活、学习经验进行写话训练，还可以联系新闻事实、社会热点等进行语文写话实践，从而有效提升学生的写话水平。

（三）根据图画，学习文本表达

"看图写话"是小学低年级语文教学的重要组成部分，是写作的基础。在语文教学中，教师应鼓励学生大胆想象。首先，引导学生观察课本的某一幅插图，再将插图与课文联系

起来，带领学生学习课文如何表达插图内容，提炼表达顺序和表达方法，给学生搭建写话支架。其次，引导学生迁移运用，让学生观察另外的插图并模仿课文的表达方法进行写话，将插图的内容表达出来，即：借助插图仔细"看"，利用插图激发"想"，依据插图引导"说"，对照插图进行"评"，通过四步指导环节，使原本静止的图画画面"活"起来。

此外，教师亦可借助绘本阅读训练学生写话。如利用绘本引导学生仿写表达有特色的句子、让学生为绘本插图配说明、让学生根据绘本内容创编角色对话等。绘本图画拉近了学生与文本的距离，唤醒学生过去的生活经历，进而引起情感共鸣，最终引导学生写出富有情趣和真情实感的话语。

核心素养视域下的小学语文写话教学，主要集中在语言建构与运用、思维发展、审美培养、文化理解上，教师可通过朗读引导学生树立规范的语言意识；通过创设情境、链接生活帮助学生理解，形成文化认同；通过想象、创编故事发展学生的思维能力；通过评价和引导帮助学生优化语言、文字的表达；通过挖掘情感，让学生体验美的语言并进行审美欣赏。

第四节　基于核心素养的小学语文写作教学设计

写作是语文教学的重要组成部分，也是语文教学中的重点和难点，是体现学生语文知识的综合体。在小学语文写作教学活动中，很多学生对写作教学存在抵触心理，因此，小学语文教师应当化解学生对写作的顾虑和偏见，采用灵活多样的教学方法，帮助学生一步步调整心态，激发学生的写作兴趣，锻炼学生写作思维，充分发挥自己的想象力和创造力，从而提高学生的写作水平和学科素养，促进小学语文写作教学的全面开展。

随着新课程改革的全面推进，小学语文教师应当意识到在教学过程中，不仅要传授语文基础知识和基本技能，还要加强培养学生的核心素养，提高学生语文综合能力。写作在小学语文教学中占有重要的地位，是学生综合能力的体现，通过采用文字方式的表述形式，能够充分了解到学生对语文知识的掌握程度。写作内容能够彰显学生的性格、文笔、风格、思维、认知等多方面情况，锻炼学生在日常生活和学习中的观察能力、分析能力和实践能力，不断积累知识和经验，积极探索全新的思想和事物，有助于小学生为今后写作奠定坚实的基础。"因此，教师应当以核心素养为基础，在此基础上创新写作教学形式，丰富教学内容和真实体验，有效提升学生的语文核心素养。"

一、在写作教学设计中提高核心素养的重视度

在小学语文写作教学中，教师在课堂上占据重要地位，是教育教学的指挥官，学生要通

过教师的指挥棒来接受知识的传递。由于小学生年龄尚小，心智发育尚未成熟，对教师的依赖性很强，需要教师耐心引导，这就需要加强教师在教学中对核心素养的重视。在开展写作教学活动时，要明确教学目标，让学生成为课堂的主体，找准学习方向，有计划、有目的地迈进，充分体现核心素养的重要性。教学目标的确定，需要根据学生的实际学情、学龄特征、个性特点等方面，具有针对性、多样性等特点，培养学生的口语表达能力、写作能力，让核心素养培养真正落到实处，提高小学语文写作教学的实效性。在写作教学活动中，不难发现小学阶段的写作体系中，记叙文占据很大一部分内容，这就需要教师有较强的敏感度，把握住记叙文这一体裁，在指导写作过程中渗透核心素养。在写作记叙文时，注重学生的情感记叙，这与学生年龄、性格的发展有密切联系，将记叙文情感道德素养融合进来，通过学习记叙文写作提升学生的情感道德素养。

例如，在写作记叙文时，教师可以设计相关场景，首先，组织学生来一场知识辩论赛，组织学生积极参与，当辩论结束后，让学生回忆全过程。其次，在进行记叙文写作时，以情感道德素养为主线，通过回忆感受到在辩论过程中自己的情感变化、心理变化等，将自己深刻的体会用文字的方式体现出来，同时还能培养学生的情感态度和道德素养。

二、掌握语文写作的方法，突出教学的重难点

在小学写作教学中，要想写出一篇生动、感人的文章，最重要的是要掌握写作方法和技能，语文教材中蕴藏着很多优秀的经典名篇，日常教学中涉及的一些常用的语句、语法都可以称为写作中的重点内容，一定要将知识内化。只有熟练掌握基本知识，学到写作的技能和方法，才能提高写作水平。在实际写作中，大部分学生排斥写作的原因包括对写作不感兴趣、无话可说、无内容可写等。因此，小学语文教师要有针对性地进行教学，用全新的思路创设灵活多样的教学模式，激发学生的学习兴趣，让学生能够自由、开放地进行写作，给予学生充分的空间和时间，根据学生写作能力的不同进行弹性训练，如口头作文、微写作、仿写、缩写等不同写作形式，提高学生的写作动力，在写作中找到自信心。除此之外，还可以引导学生多阅读，在生活中积累经验，从阅读中学会欣赏、学会分辨文章的好坏，分析文章结构、中心思想以及体会作者的思想感情，养成摘抄记录的好习惯，在阅读中将自己喜欢的词句、段落进行摘抄，学习优秀的写作文体和写作手法，将写作知识学牢学实、熟练掌握，打下坚实的基础，促进今后写作能力的全面提升。

综上所述，在小学语文写作教学期间，教师要加强培养学生的核心素养，通过多种途径在写作教学中渗透、丰富教学内容，为写作教学增添更多的趣味，激发学生的写作激情，拓宽学生的写作思路，让学生写出具有自己独特风格的优秀作品。

第五章 基于核心素养的语文综合性学习教学设计

第一节 小学语文综合性学习的类型及特征分析

开展综合性学习的意义在于将过去单一、枯燥的文字学习，更多地融入到日常生活当中去，在强调学科整合、实施跨学科学习的同时，让学生动脑动手，激发其学习的热情与兴趣，使学生在潜移默化中感受文字的魅力、语言的魅力，在不知不觉中提高学生的语文素质与素养。①加强语文课程内部联系。在组织学生进行综合性学习的时候，应加强语文课程内部的联系，如对学生听、说、读、写能力的渗透培养，如对学生质疑和探究能力的培养，如三维目标的落实达成等。②加强与其他课程的联系。综合性学习的课程设计，自然会加强语文学科和其他学科的联系，例如，在综合性学习过程中，会整合到数学、科学、美术、音乐、体育等多种学科，通过多学科的渗透，从而体现出其综合性、实践性和实效性。③加强与生活的联系。开展综合性学习，就要将学生学习语文的场所，放置于生活的环境中，让学生感受到生活中处处有语文，语文无处不在。同时，要让学生学习生活中的语文，学会运用所学知识，来解决、处理生活中的问题。④促进素养协调发展。在学生进行综合性学习的过程中，要更多地关注学生个性与共性，学生对语文的学习兴趣、良好的学习习惯以及习得相应的语文学习方法，从而更加有效地促进学生语文素养的协调发展。

一、小学语文综合性学习的类型

从学生学习生活的环境，以及语文知识、能力的获取途径来划分，小学语文综合性学习可以分为以下类型：

（一）文本拓展

综合性语文学习是学生语文课堂的延续，在我们的小学语文教材中，从内容到形式都具有很强的典范性。在综合性学习中，就是要从文本开始，以课文内容为立足点挖掘综合性学习主题。许多内容还具有丰富的知识性和深刻的教育性，为语文综合性学习提供了广泛的丰富素材。例如，一年级在教学《打电话》一文后，以"电话"为主题，了解电话的发展史，在不同的场合怎样使用礼貌语言与别人进行交流，怎样正确使用特殊电话号码，在日常生活中做到合理高效经济地使用电话等。学习了《小猴子下山》《狼和小羊》等童话故事，可以让学生练习排练课本剧；学习了《捞铁牛》一课后，组织学生讨论，利用现代科学技术设计捞铁牛的方案等。

（二）家庭生活

学生的生活，更多的是在家庭中和亲人的相处。在综合性学习主题的确定中，即可以家庭生活为主题来进行设计，例如，以"我爱我家"为主题，让学生围绕我家的位置、我家的房子、我家的亲人、我家的特色等开展绘画、小报、写作等方式的综合性实践活动。

（三）走进社区

社区也是学生生活中不可缺少的场所。在社区生活中，学生既享受到社区生活的丰富，也能在社区生活中感受社会生活，在综合性学习中，就可以以社区生活为主题来设计相应的实践活动。例如，以"生活与环境"为主题，开展相关的活动，如发起相应的保护社区环境的倡议书，对居住小区的花草树木进行分类，制作相应的爱护花草的标语，开展拾捡垃圾、清洁环境的活动，撰写相应的调查报告等。

（四）亲近自然

让学生投入大自然的怀抱，感受一年四季变化的脚步，以春天为例：让学生听听春的歌，看看春的美，读读春的诗，画画春的景，写写春的儿歌、童谣、作文等。只要贴近学生生活，抓住闪光点设计综合性学习，就能激发学生兴趣与学习的乐趣。

（五）了解社会

社会生活是广阔天地，是语文学习取之不尽、用之不竭的源泉，我们要善于引导学生从生活中的鲜活事实中有机进行综合活动。例如，节假日来临，学生可根据从各种媒体中获得的当地旅游信息和自己所亲身经历的旅游经验，开展以设计一份"家乡最佳旅游路线"为主题的学习活动，推荐当地的名胜古迹，介绍当地的风俗民情、民间传说，描绘旅游景点、特色餐饮，新开发游览项目及合理的日程安排意见与建议。

二、小学语文综合性学习的特征

（一）综合性

综合性是指在学习活动中既要体现出"知识和能力"、"过程和方法"、"情感态度和价值观"三个维度目标的综合；也要体现出对听、说、读、写诸方面的语文知识与能力的综合；还要关注语文课程和其他课程的综合、学生学习方式的综合。通过多种综合，促进学生的语文素质素养的提升。

（二）活动性

活动性，是综合性学习的重要特点。活动性强调语文学习与生活的联系，活动的范围包括学生学习和生活的各方面，要通过活动去提升听、说、读、写等语文能力。通过学生亲自参与活动，让他们学会分析问题，探寻解决问题的方法，培养策划、实施、参与、协调的能力及合作精神，通过活动掌握和运用知识。使他们明白语文无处不在，生活处处皆语文，并引导学生学会在各个领域里运用语文知识，在运用中进一步爱上语文学习，从而学好语文。

（三）探究性

课程标准指出，综合性学习是"培养学生主动探究、团结合作、勇于创新的主要途径"，实施综合性学习，应"特别注重探索和研究的过程"。强调探究性要求重过程、重体验，"综合性学习"的课程目标一般不是指向某种知识或能力的达成度，而是提出一些学习的活动及其要求，主要指向"过程"。

（四）自主性

综合性学习特别注重探索和研究的过程中应突出学生主体的自主性。从活动的选题到设计，到环节的组织安排。小组的分工，以及在活动中遇到问题的处理，到学习结果的呈现方式方法，活动的评价总结，教师都应该充分地尊重学生的意愿，做好引导、点拨即可。

（五）开放性

开放性主要体现在综合性学习的生活化，主要表现为学习时间和空间、学习内容的开放。学习时间，从课内向课外开放；学习空间，由学校向自然、社会拓展；学习内容，向书本外开放，既可以就教材中指定内容来开展活动，也可以结合相应的实际情况，在活动中自主选择学习内容；开放性还体现在学习方式以及评价方式上；学习方式可以自主选择，可以是观察、调查、访问、参观，也可以是讨论、辩论、演讲等。评价方式应多样化，可以做观察记录，可以办手抄报，可以运用相应的量表等。评价主体可以是老师，可以是学生，也可以是家长、社会专业人员，既可以自我评价，也可以相互评价。

第二节　小学语文综合性学习的理念与设计原则

一、小学语文综合性学习的理念分析

第一，突出学生自主。小学语文的综合性学习，事先可由教师指导学生确定好主题，主要的内容及形式主要由学生自行设计和组织，由学生自己选择确定好组长，然后由组长根据学生的个体差异、特点等进行分工，根据分工开展相关活动。整个活动的过程要充分体现学生的自主和全员的参与，要真正做到让学生人人有事做、事事有人做，充分体现学生的自主。

第二，强调学生合作。在综合性学习中，虽然有活动的分工，但更应该重视学生间的相互配合。要特别强调学生的合作，因为活动不是某个学生的个体行为，应该是团队合作的体现。尤其当学习活动中面对困难和问题的时候，就需要集团队的力量，发挥大家的才智，才能得以实现。

第三，提倡课程整合。小学综合性学习，不仅仅是语文学科的单一形式的呈现，更多的是表现为多渠道、多学科的课程整合。学习活动中，既会有通过听、说、读、写表现的文字的渗透学习，也会有相应的数学、美术、体育、科学、社会、安全等，更会将学生德育及良好的意志品质、探究能力的培养自然融入其中。因此，综合性学习就是新课程改革过程中多课程整合的体现。

第四，重视能力培养。在综合性学习过程中，要特别注意关注学生策划、组织、协调和实施能力的培养。从学生的活动开始，在注意关注学生主题的选择是否恰当，活动过程策划是否创新；在活动中，要关注到学生对活动的组织是否恰当，是否能够做到协调配合，是否能够做到有效实施学习活动的开展；在活动结束时，要重视引导学生及时总结、反思、提炼，促进学生语文能力的全面提升。

二、小学语文综合性学习的设计原则

（一）发展性

语文学科的目的在于提高学生语文能力和素养，具体呈现为听、说、读、写的能力，这四方面的能力将贯穿学生语文学习的始终。而综合性学习，则是培养学生四方面能力、发展学生语文素养的最重要的渠道。在进行小学语文综合性学习设计时，要把发展性作为设计的基本原则予以体现。

（二）针对性

由于学生所在地域的不同、学生家庭环境的不同、学生年龄特点的不同，在进行综合性学习设计时，要做到有针对性。例如针对城市小学生，可以设计相应的农村方面为主题的活动让学生参与，而对于农村学生，则可以让其去探究一些城市方面为主题的内容，这样促进不同生活环境学生的相互了解，增强学生的适应能力。针对学生年段的不同，在组织学生开展综合性学习的过程中，也应该对听、说、读、写四方面能力的培养有所侧重。在低年段，更多的是对学生听、说能力的培养，中段则逐步重视读、写的渗透，到高段，就要做到四方面能力的有机结合。

（三）探究性

以学生为主体的综合性学习，不同于严谨的教育科研，不需要过多强调知识的系统性，也不特别强调结果的科学性，而更重在学生的体验和感受；其重要意义在于让学生亲历过程。在实践过程中，要让学生自己带着问题与困惑，去发现学生以前没见过的，去体会以前从来没有感受过的，去探究学生自己心中的疑惑和问题。

（四）实效性

小学综合性学习的设计，从主题的选择开始，就应该特别注意结合学生的学习、生活实际，只有学习熟悉的、身边的，才能让学生感兴趣，才会使得整个学习富有实效。在学习过程中的每一个环节，都应该避免形式主义，而强调该环节的设计要符合学生特点，适合在学习过程中使用，达到最佳的活动效果。在评价反思、总结时，也要讲究方式、方法，使评价成为激励学生乐于表达、勤于探究的重要途径和载体。总而言之，要在综合性学习活动整个过程中，努力做到每个环节都具有实效。

第三节 小学语文综合性学习的主要环节与评析

一、小学语文综合性学习的环节

一个完整的小学语文综合性学习，应包含以下基本环节：

第一，确定主题。正确选题，是综合性学习取得成功的基础。在教学活动中，我们要注意结合学生的年龄特点、认识能力、兴趣爱好等实际情况引导学生从广泛的生活空间中确定好综合性学习的主题。

第二，明确任务。要通过讨论，做好布置，要使学生清楚本次综合性学习的内容，有哪些具体的方式，要让学生知道要做的事情，该怎么做。

第三，做好分工。教师要在征求学生意见的基础上，指导学生根据年龄、性别、居住地等情况，让学生自由组合，成立相应的学习活动小组，选择好组长，落实好组员，同时指导学生做好相应的活动分工，让小组成员人人明白自己该如何准备、该做什么、该怎么做。

第四，组织活动。在学生准备工作完成后，教师要指导学生的具体活动，活动的过程中，教师要在保障学生安全的情况下，为学生提供相应的支持，要随时了解活动开展的情况，及时表扬好的做法，做到时时点拨、处处关心，帮助学生解决活动中遇到的问题和困难，使活动过程中学生人人参与其中，取得实效。

第五，成果展示。要采用多种形式，给学生平台，让他们充分展示、交流学习成果。如采访的照片、录音等，可以通过小报、交流会、小品、故事会等多种方式来展示学习的成果。

第六，总结反思。在学生进行成果展示之后，教师要进行相应的总结，对在学习活动中学生好的思路、做法，以及形成的有价值的成果进行表彰、鼓励；对在活动中的表现突出的学生小组、个体要给予相应的表彰、奖励；对活动中存在的问题要引导学生进行总结，开展反思。

二、小学语文综合性学习的评析

第一，实施生本评价。对学生语文综合性学习的评价，一定要体现以生为本的原则。要围绕学生参与综合性学习的积极性、主动性、创造性来展开评价，既要关注全体学生的广泛参与，又要体现学生之间的个体差异。评价应着重考查学生的探究精神和创新意识，尤其要尊重和保护学生学习的自主性和积极性，鼓励学生运用多种方法，从不同的角度，进行多样化的探究。这种探究，既有学生个体的独立钻研，也有学生群体的讨论切磋。

第二，体现多元化评价。在小学语文综合性学习的教学设计的评析中，要注意实施多元化的评价方式，既可以采用表格式，又可以采用问卷方式，既可以采取教师评价，也可以请学生自评、生生互评，还可以邀请相应的专家、家长参与评价。从多个角度对学生综合性学习实施全面、客观的评价，以便发现问题，总结经验。

第三，过程和结果并重。小学语文综合性评价既要重视学习活动中的过程，从活动的主题、任务的明确、小组分工合作到整个活动的过程，都要进行全过程的追踪和及时的记录、评价。在评价时，要充分注意学生在解决问题的过程中所采用的思路和方法。对不同于常规的思路和方法，尤其要给予足够的重视和恰当的评价。在进行学习成果展示时，要注意引导学生采取多种形式呈现活动的成果。要通过对成果的展示的激励性评价和总结，引导学生不断完善和改进综合性学习的方式、方法，从而提高学生的语文综合能力。

第四节 基于核心素养的小学语文综合性学习策略

语文综合性学习是语文教学中的热点和难点内容，本节就语文综合性学习与语文核心素养之间的内在关联展开探究，在理清二者相互关联的基础上，提出了通过语文综合性学习提升语文核心素养的实施策略。

一、综合性学习有助于提升语文核心素养的价值

语文综合性学习注重让学生在有趣的语文实践活动中学习、运用语文知识，具有很强的实践性、综合性和自主性，并且在训练目标和形式上保留"语文味"，有效提升了学生的语文核心素养。

第一，突出"实践性"，提升思维能力。在组织形式上，语文综合性学习突出"实践性"。语文综合性学习活动强调让学生在广阔天地中亲身实践，自主获得语文知识，带给学生探索与体验知识的真实感，促进学生掌握学习语文知识的必备技能，提升学生思维能力。

第二，突出"综合性"，增强运用能力。在活动内容上，语文综合性学习突出"综合性"。课内与课外、语文与生活之间的融合，打破了语文学习与生活实际相割裂的状态。"搜集、讨论、撰写等多种学习形式，让学生在多种环境下正确运用与建构语言，提升了学生的语文综合运用能力。"

第三，突出"自主性"，激发创造力。在探究方式上，语文综合性学习突出"自主性"。语文综合性学习以"学生兴趣和内在需求"为驱动力，主张让学生"自主提问、自主思考、自主解决、自主验证"，调动学生自主挖掘生活中学习素材的积极性，激发学生语文学习的创造力。

二、核心素养下小学语文综合性学习的实施策略

强化小学语文综合性学习，提升学生的语文核心素养，就必须从对多样性资源的开发入手，用好"四大阵地"。

（一）坚守课堂"主阵地"，明确学习任务

课堂是语文综合性学习活动开展的"主阵地"。教师要利用好教材，将资料分析、组织策划、合作探究、信息搜集等各项能力训练融入具体的教学中，以任务清单的方式明确目标，引导学生完成语文知识综合运用的探究任务。例如，在"轻叩诗歌大门"综合性学习活动中的主要任务有两个：一是合作编小诗集；二是举办诗歌朗诵会。这两项任务涵盖了本单元所有的训练要点，教师有足够的机会渗透单元语文要素，让学生在课堂中学会如何进行综合性学习。

故在该活动组织期间，可以设置如下任务：

1. 从诗歌教读到综合性学习

"轻叩诗歌大门"综合性学习任务位于单元文本学习之后，教师可借助教材文本，完成从诗歌教读到综合性学习的过渡。

任务1：诗歌知多少。引导学生回忆与诗歌相关的内容，如诗歌原文、诗歌作者、诗歌类型、诗歌主题等。由于学生对新学诗歌印象较深，所以学生想到的内容多与单元教学内容相关。教师须引导学生打开思路，如教师可以问学生"这位诗人是否写过其他诗歌"、"其他诗人是否写过同类诗歌"等问题。

2. 明确活动任务目标与流程

单元要素在综合性学习中的落实十分关键，应该明确任务目标与流程设计。

任务2：诗歌大搜索。学生以组为单位，按照各自的喜好搜索诗歌，并按照教材编排提示完成分类任务。搜集方式：在线搜集、线下阅读等。记录方式：拍照、誊抄等。整理方式：课件汇编诗集、手绘诗集等。预计展示形式：①诗歌朗诵。选择最喜爱的诗歌，配乐朗诵，读出情感。②诗集展示。介绍诗集汇编思路，展现诗集的精彩与创意。为保证该任务更好地完成，教师要就活动如何开展、如何检验进行更细致的说明，为学生提供一定

的目标指引和方法指引，也为学生在综合性学习中完成"初步学习搜集整理资料的方法""感知诗歌朗诵会的策划过程"等单元学习任务奠定了基础。

（二）开发校园"辅阵地"，联系生活实际

校园环境、校园活动等是语文综合性学习的"辅阵地"。在课堂"主阵地"中，学生只是初步完成综合性学习，缺少持续内化语文核心素养的综合性学习机会，而合理利用校园资源，能弥补课堂"主阵地"的不足。例如，在校运动会时，教师可以布置学生写"汗水与泪水"、"笑容与泪水"的主题广播稿，提高学生的语言建构与运用能力；在儿童节时，可以让学生设计"班级游园活动策划书"，增强学生的审美鉴赏力与创造力；在学生即将毕业时，可以组织学生完成"难忘小学生活"综合性学习活动，引导学生制作小学阶段成长手册、设计毕业晚会，以综合性学习活动的形式，给学生的小学生活画上了圆满的句号。

（三）依托校外"大阵地"，拓展学习视野

教师不仅应坚守课堂"主阵地"，开发校园"辅阵地"，还须依托校外"大阵地"，让综合性学习走进人群，融入生活。例如，在教学《中华传统节日》一课时，教师可以设计融合亲子活动、社区实践活动的语文综合性学习活动，该活动从"中国底色"着手，强调文化传承的重要性，增强学生对传统文化的理解。

（四）融合学科"分阵地"，延展学习渠道

综合性学习要注重语文学科与其他学科的融合，开展跨领域学习，让语文综合性学习与美术、音乐、道德与法治、劳动等其他学科相沟通，加强各学科间的相互渗透。例如，在教学《中华传统节日》时，教师应认识到中华传统节日中蕴含的传统文化对于培养学生素养的重要意义，有意识地将学习活动与各学科融合起来。

第一，与美术学科融合。让学生画一画"贴春联""赛龙舟"等节日场景，剪一剪窗花、做一做手工粽等，让学生用美术的语言来诠释对中华传统文化的理解，提升学生的审美与创造这一核心素养。

第二，与音乐学科融合。在音乐课上，教学生学唱《新年好》《赛龙舟》《爷爷为我打月饼》等富有童真童趣的儿童歌曲，让学生在音乐的世界里感受中国诗词文化的魅力。

第三，与劳动学科融合。在传统节日，让学生回家跟着大人学一学包粽子、搓汤圆，参与家庭大扫除，等等，并布置学生写相应的主题作文。学习与生活接轨，既可以激发学生的写作兴趣，又可以使学生受到劳动教育。

总而言之，加强语文综合性学习是提升学生语文核心素养的有效方法，教师应大力挖掘语文综合性学习资源，坚守课堂"主阵地"，开发校园"辅阵地"，依托校外"大阵地"，融合学科"分阵地"，从课内到课外，让学生在各类语文实践活动中学习语文，在丰富多彩的生活中运用语文，从而全面提升学生的语文核心素养。

第六章 基于核心素养的小学语文教学设计实践研究

第一节 基于核心素养的小学语文读写结合策略

小学阶段对于学生而言，是他们接受知识、积累知识的开端。语文是小学阶段教育体系中的基础学科，影响着学生的全面发展。但是在实际小学语文教学中，教师受传统观念的影响，过于重视学生对基础知识的掌握，无法切实培养学生的综合素质，进而影响了实际教学目标的达成。"因此，教师应结合现阶段教学中存在的问题，积极思考有效的教学策略，促进读写结合教学模式的开展，并实现高效教学模式的构建。"

核心素养的本质是人才的培养标准，是学生在成长的过程中具备适应社会发展的能力与品格。在如今的课堂教学中，许多教师是在核心素养理念下对学生进行培养的，并应用了核心素养与实际教学相结合的模式，这样的教学模式有效转变了单纯知识讲解的现状，并更好地推动了学生的发展。根据小学语文教学的特点，教师在教学的过程中应构建语文读写结合模式，培养学生的语文学科核心素养。语文教材中的知识构思精巧，能使学生在学习语文知识的过程中，积累佳句、名篇等。教师要深入研究教材，采用读写结合教学模式，引导学生通过写作表达自身情感，并通过写作训练活动的有效实施，让学生表达的层次获得稳步提升，进而最终达到读写结合的教学效果。基于核心素养的小学语文读写结合策略具体如下：

一、以读为媒，积累写作的素材

阅读是小学语文课程教学活动中的关键部分，同时也是学生素养提升的基础。学生只有通过不断阅读，才能提高自身的语言能力，并强化语言表达能力。在阅读过程中，学生能积累大量的写作素材，其阅读面也能够获得拓展，无形之中推动写作能力的提高。小学阶段的学生正处于发展的初期，所以教师应在教学中应用多元方式，以阅读为媒介，不断促进学生写作水平的提高。

例如，在教学《珍珠鸟》一课时，教师要重点指导学生在阅读学习过程中，掌握"蔓""腻""�"等生僻字，并让学生理解"信赖""神气十足"等词的含义。然后，带领学生通过阅读，厘清文章的整体思路，促使学生明确每一个人物的神态，提高学生的阅读理解水平。结合教师的讲解，学生在阅读过程中积累了大量的写作技巧。此外，教师可以为学生推荐《木偶奇遇记》《安徒生童话》等课外读物，要求学生在课余时间进行阅读，从而有效拓宽了学生的阅读视野，借助阅读使学生奠定写作基础。

二、以写为辅，抒发学生的情感

作为小学阶段语文课程教学中的关键，写作对学生的语文素养提升必不可少，学生自身的写作水平能够直接映射其对语文知识的掌握程度，同时，写作也是对学生思维能力及语言知识应用能力进行培养的重要过程。在小学阶段的语文学习过程中，学生只有自己动笔操作，才可以提升组织语言的能力，并提高写作自觉性，让写作兴趣得到激发。教师可以结合阅读文本，以写作为辅助方式，引导学生抒发自身情感。

例如，在教学《海上日出》一课时，教师可以先要求学生阅读这篇文章，并提出一定的写作要求：通过对《海上日出》这篇课文的学习，大家还能够发现我们生活中有哪些美景？请同学们结合自己的生活展开想象，并根据阅读所学知识，写一篇自己觉得美的景色作文。这样的写作训练方式引发了学生对实际生活的联想，促使学生学会发现生活中的美景，并应用语言文字进行表达。如此一来，学生拥有更加广阔的抒发情感的空间，培养了写作情感，写出来的作文有声有色。

三、以思为基，实现读写的结合

教师在实际教学活动中应重视对学生的读写综合能力进行培养，促使学生更好地积累词句。阅读与写作是密不可分的，教师在对小学阶段学生的素养进行培养时，应将阅读与写作置于同样重要的地位，重视学生阅读与写作能力的双重提高。同时，教师应引导学生突破课本教材的束缚，通过多元化教学方式的引入，帮助学生掌握、学习大量的知识，根据学生的思维发展，有效促进其读写能力的结合。

例如，在教学《太阳》一课时，教师可以运用多媒体，为学生展示太阳升起的动画，并向学生提问："太阳离我们有多远？如果日夜不停地步行，大约要走多少年？即便是坐飞机也需要多少年？"要求学生通过思考和计算进行回答。这样的问题模式有效激发了学生的思维能力，教师将思维作为基础，要求学生结合这些数据，联系课文开展阅读活动，从而拓展学生的知识广度。随后，教师可以要求学生联系自己的实际生活开展写作活动，促使学生立足思考，完成作文创作。这样就能够有效提高学生的思维能力，培养学生的核心素养，进一步有效实现读写结合教学。

四、依引仿写，积累丰富的语言

小学阶段的学生有着较强的模仿能力。学生模仿能力的形成最初是模仿身边人的言谈举止，经过学校的生活与学习，其在学习的过程中也逐渐提升了模仿能力。鉴于此，教师在小学语文读写结合教学中可以充分结合学生自身的特点，促使学生结合所阅读的文本知识，开展有效的仿写活动，进而丰富其语言积累。

例如，《松鼠》一课活灵活现地展示出了松鼠各个部位的特点，使学生更好地感受到了松鼠外形的美丽。在学生阅读课文之后，教师可以引导学生互相分享自己最喜爱的动物是什么，以及自己所了解的这个动物的外形、特点、习性等。学生在分享的同时，无形之中提高了语言组织能力。然后，教师可以要求学生结合《松鼠》这篇课文的写作方式，将自己最喜爱的动物描绘出来，引导学生进行仿写，进一步丰富学生的语言积累。如此一来，就能使学生在阅读过程中学习写作技巧，并积累语言，在仿写的过程中巩固阅读知识，实现对学生语文学科核心素养的培养。

五、依拓而写，提升审美创造力

小学生写作能力的提升是一个漫长的过程，但是，部分学生自身的学习基础薄弱，写作能力不突出。在教学中，语文教师经常为作文教学而苦恼。可见，学生写作能力的提升是语文教学中的难题。因此，语文教师要指导学生掌握更多的写作方式。对于基础薄弱的学生而言，拓展写作是他们的关键。拓展写作更加考验学生的想象能力，有利于提高其审美创造能力。教师在引导学生进行拓展写作的过程中，需要在原文理解的基础上，鼓励学生大胆写作，确保学生在不偏离文本基础的前提下，写出合理的内容。

例如，《盼》这篇文章的结尾是"它们在我的头顶和肩膀上起劲儿地跳跃：滴答，滴答滴答……"，为学生提供了无限遐想的空间。教师可以利用这样的空间，让学生展开丰富的想象，结合自己的想象写作。在教学这一课时，教师可以趁此机会鼓励学生站在第一人称的角度上进行想象，然后让学生结合自己的想象进行实际的分享。在这个过程中，学生之间除了互相聆听，还可以给同伴提出更多的建议。如此，学生结合文章中的故事内容展开了续写，想象"我"接下来遇到了怎样的事情，提高了审美创造能力。

六、深挖教材，提升写作的能力

在小学阶段，教材中的文章是小学生阅读的重要来源。而很多语文教师对教材存在一定的误解，将大多数时间用在分析教材上，忽视了文章中的写作技巧。而读写结合的课堂则需要学生通过教材理解作者的思想，从而学习文章中的写作技巧。语文教师要通过实际的行动为学生做出实际的引导，让学生进行深入的挖掘，写出有真情实感的文章。在小学语文教材中，有不少内容值得学生去探索和总结，教师要依据学生的发展需求，指导学生认真学习文本中的内容，为写作提供实际的帮助。

例如，在教学《猫》这篇文章时，为了让学生学习作家描写动物的基本手法，教师可以先让学生通过阅读的方式，了解文章的大致结构，学习文章中是如何描写"猫"的。在学生阅读结束后，再让他们自主交流对文章的感受，并通过叙述的方式将自己的认知分享出来。然后，让学生说一说自己喜欢的动物，并让他们交流如何写自己喜欢的动物。这样的场景不仅让学生熟悉了文本的基本结构，增强了学生的认知，还通过学生感兴趣的动物，激发了学生的写作动力，促使学生达到了阅读和写作能力的提升。

总而言之，根据新课程改革要求，将阅读与写作系统结合是语文教学的关键。实现这样的教学愿景，需要语文教师进行实际的改革和创新，力争将当前教学中的问题克服，让教学形式更加符合学生的实际学习需求。教师不仅要注重引导学生阅读，注重学生的写作，还要注重引导学生思维的发展，让学生在拓写和仿写及交流写作等模式中，形成自己的学习习惯。教师要通过多种教学模式的尝试，促使学生形成学科核心素养，帮助学生掌握阅读的思考方式，并借助写作活动，锻炼学生对阅读理解的表达能力，在潜移默化中提高学生的写作能力，促进学生全面发展。

第二节　基于核心素养的小学语文个性化作业设计

随着教育改革的发展和核心素养理念的提出，综合型、个性化人才的培养成为学校教育的重要教学任务。语文课程作为小学阶段的基础学科，具有高度的综合性和人文性，是对学生进行核心素养培养的重要途径。教师应充分重视语文课程各个教学环节教学功能的发挥，以此实现课堂教学效率的提升。而课后作业环节作为课堂教学的补充与延伸，为学生核心素养的培养提供了有效的实践机会。"因此，教师应在核心素养理念的指引下，充分重视课后作业环节的设计，并通过课后作业的个性化设计与布置，来激发学生的作业积极性，促进学生语文核心素养在巩固、实践的基础上得到培养与提升。"

一、小学语文个性化作业设计的核心素养价值

（一）个性化作业是学生核心素养培养的重要部分

核心素养是学生在学习过程中形成的思维品质和关键性能力，而课堂教学是学生学习

的重要方式。换言之，课堂教学是促进学生核心素养形成的重要途径。因此小学语文教学中，教师应充分利用课后作业环节通过对课后作业进行个性化设计，来对学生的核心素养进行有效的引导，使学生在课堂教学的补充延伸环节中，以实践运用的方式实现自身语文核心素养的有效培养。例如，在语文阅读和写作学习的过程中，小学生难以在有限的课堂学习时间内来实现语文综合素养的提升，而教师通过个性化课堂问题，能够引导学生通过课堂学习小组、师生互动交流让学生转变被动学习的状态，从而让学生在课堂、课后作业一体化练习的过程中，达到以读促写、以写助读的学习效果。

在核心素养视角下，小学语文教学的各个环节都应为学生核心素养的培养而设计、开展。换言之，只有将核心素养的培养目标细化到各个教学环节中，才能获得良好的教学效果。因此，在小学语文教学中，教师应充分重视课后作业环节的优化，通过课后作业的个性化、科学性设计，来提升学生的语文核心素养，奠定学生健康成长、良好发展的基础。

（二）个性化作业是落实核心素养理念的重要途径

在小学语文课堂教学中，核心素养理念作为重要的指导理念，只有在具体的教学实践中得到落实，才能实现学生学科核心素养的有效培养。而课后作业环节作为课堂教学的延伸，课后作业的设计与布置也都蕴涵着核心素养教学理念的内涵，能实现核心素养理念的贯彻与落实。另外，课后作业作为学生课下自主学习过程中的学习任务，在对其进行个性化设计的过程中，应将核心素养进行细化，渗透到作业的内容及形式中，使学生在完成作业的过程中得到核心素养的培养，促进核心素养理念的落实。例如，在寓言类文本的教学过程中，教师可以设计寓言故事续写，让学生用自己的语言把寓言故事复述出来，这样才能真正帮助学生去理解寓言的内容和思想，同时让学生扬长避短，通过强化自身的语言表达能力来培养自身发散的思维。

（三）个性化作业能帮助教师打造生动、形象的语文课堂

在小学语文课堂教学中，课后作业的设计与布置是教师教学工作中的一项重要内容，是教师专业素养、教学能力的集中体现。而在核心素养理念下对小学语文作业进行个性化设计的过程中，教师不仅应加强与学生之间的互动、交流，以此来更细致、全面地了解学生的兴趣爱好、学习发展需求等，同时更要对核心素养理念的内涵进行科学的解读，对小学语文教学内容进行深刻的分析、挖掘，以此设计出更具深度、更具个性化的课后作业。由此可见，教师对小学语文个性化作业进行设计的过程，同时也是自身专业素养、教研能力提升的过程，真正实现了课堂教学中的教学相长。例如，在讲授《穷人》这节内容时，教师可以设计课前预习任务，来引导学生通过情境体会、对话交流、角色扮演等来使学生

真正融入课堂教学中，让学生的课前个性化预习更高效，为打造活力语文教学课堂奠定基础。

二、基于核心素养的小学语文个性化作业设计策略

（一）深化核心素养理念的含义，树立科学作业设计观

核心素养理念的提出使课堂教学各个环节指导理念都发生了极大的转变，这不仅有助于学生核心素养的培养与提升，同时也是进行核心素养理念贯彻、促进课程改革发展进程的重要途径。因此，在核心素养下的小学语文课后作业环节中，为实现课后作业个性化的设计，教师应积极地进行核心素养理念的深化认知，并在此基础上树立科学、创新的作业设计观念。语文作业不能只让学生通过机械的联系来实现强行记忆，而需要结合语文文本文化内涵、德育知识来为学生设计高效且有趣味的作业。这样才能培养学生自主学习的意识和乐于思考的学习习惯，从而为学生深度学习语文知识奠定坚实的基础。

一方面，教师应注重从理论以及实践的角度进行核心素养理念的认识，将思维品质进行细化并渗透到课后作业环节，以此实现课后作业的优化与创新。这样就能使小学语文的每一项课后作业都具有核心素养内涵，学生在完成每一项作业的过程中都是对自身语文学科核心素养进行锻炼与提升的过程，以此实现了小学语文课后作业的个性化和有效性。即通过转变学生的学习观念，来让学生以兴趣为指引，以个性化学习为方向，真正实现自主学习、创新学习。另一方面，在核心素养理念下，教师为满足新教育形势的发展需求，应在核心素养理念的指引下进行自身专业素养的提升，并在将自身的专业素养投入课后作业的科学设计中，使小学语文的课后作业更加个性化、科学化。在这一内在驱动下，教师应积极地开展自主学习，不仅要提升自身的语文专业素养和教学能力，同时还应对新型的教学理念和教学模式进行深入的研究与探究。同时，教师还应积极地参与相关的专业化培训和教研活动，在与其他教师的合作、交流中积累优秀经验，以此提升教师自身对个性化作业的设计能力。

（二）注重目标与核心素养的融合，促进作业的个性化

在对课后作业进行科学性、个性化设计的过程中，作业目标的科学把握是非常重要的一个环节，只有具备了明确、科学的目标，才能真正保证课后作业设计的有效性。因此，在核心素养理念的指引下，教师应积极地进行小学语文课后作业核心化目标的制定与把握，以此增强小学语文课后作业的个性化。

首先，教师应顺应课程改革发展趋势，将核心素养的内涵融入个性化作业的设计理念

中。在当前的教育形势下，新课程改革理念是指引课堂教学开展的重要理念，教师在对小学语文个性化作业进行设计时，就应使作业目标符合课程改革精神、改革理念，将培养学生核心素养的目标融入具体的作业目标中，只有这样，才能使小学语文作业在追求个性化的同时具有高度的实效性。

其次，教师应紧密结合小学语文课堂教学目标，进行个性化作业目标的科学制定。课后作业环节是课堂教学的重要环节，作业环节的目标应与课堂教学的目标保持高度一致，这样才能使课后作业既有的教学功能得到有效发挥。因此，教师在对小学语文个性化作业进行设计时，应充分围绕知识技能、过程方法、情感态度价值观这一三维课堂教学目标体系，进行多元化、多形式课后作业的设计。

（三）注重作业内容的合理规划，实现作业内容多元化

课后作业环节是小学语文课堂教学的重要环节，是对学生课堂学习内容掌握情况的检验与巩固。因此，教师在对课后作业进行个性化设计时，就应从作业的内容层面入手，通过作业内容的合理规划，来进行课后作业的多元化、个性化设计。教师应针对学生语言能力的培养，设计具有多元化语言训练内容的个性化作业。语言构建能力、语言运用能力是小学语文核心素养体系中最为基础的素质能力，教师在核心素养指引下对小学语文个性化作业进行设计时，就应注重学生语言能力、良好语感的培养。

例如，在语文核心素养体系中，语感是在知识积累中逐渐形成的，因此，教师就可以在小学语文课后作业中进行读写积累类型作业的设计。如布置每天打卡的课外阅读任务，设计采集具有积累性的词语、句段摘抄任务等，以此丰富学生的知识积累、拓展学生的知识视野。同时，教师应针对学生思维能力的培养，设计出具有启发性、开放性的小学语文个性化作业。思维能力作为核心素养体系的重要部分，教师还应注重相关思维类课后作业的布置，以此实现学生思维能力的引导，实现学生思维能力的提升。

（四）注重学生学习的主体地位，实现层次性作业设计

在新课程改革的背景下，学生已经成为课堂教学的学习主体，任何教学活动、教学设计都应围绕学生的具体学情进行，只有这样，才能提升课堂教学的有效性，实现学生核心素养的培养。因此，在核心素养下的小学语文课后作业环节中，教师就应充分认识到班级内学生的具体学情，并根据学生学习层次的划分情况，来对课后作业进行层次性、针对性的设计，以此满足不同层次学生的学习需求，实现学生学科核心素养的整体提升。

首先，教师可以根据学生的学习层次，在作业的数量上进行差异性设计。例如，为学习基础差的学生布置更多抄写类、记忆类等基础性的作业，以此夯实学生的知识基础。而

学习基础好的学生则没有必要完成基础类作业，教师可以为其设计一些具有开放性、拓展性的作业，使其在实践性的运用中获得更为良好的发展。

其次，教师可以根据班级内学生的学习层次，在作业的难度方面设计具有开放性、梯度性的课后作业，以此满足各个学习层次学生的发展需求。例如，在教学完《精卫填海》一课后，教师就可以设计具有梯度的、开放性的个性化作业：①根据自己的理解进行故事的复述；②展开自己的想象，对精卫具备的良好品格进行深入分析与总结；③结合自己的阅读感受，进行读后感的写作。这样学生就能根据自己的学习层次，自由地选择感兴趣的作业，在作业完成的过程中，不仅获得了相应核心素养能力的培养，同时也增强了完成作业的积极性和学习自信心。

（五）注重作业形式创新，实现作业形式的多元化拓展

在小学语文的课后作业环节中，以往单一、僵化的作业形式是导致学生作业积极性缺失、核心素养培养效率低下的重要原因之一。因此，在对课后作业进行优化、个性化设计的过程中，教师就应注重作业形式的多元化拓展，使学生在对多元化课后作业的完成中，实现学习积极性的提升以及核心素养的全面培养。

首先，在传统的书面作业以及口头作业的基础上，教师还应发挥自己的创新思维，布置具有开放性、探究类的作业形式。例如，在教学《将相和》一课时，教师就可以通过翻转课堂教学模式的实施，为学生布置"文中人物都具有怎样的性格特点，分别从哪些细节描写中体现出来"的探究性作业，使学生能通过学习平台进行课下的合作探究学习。这样不仅将合作探究的活动延伸至了课外，节约了课堂教学时间，同时更使学生能通过探究类作业的完成实现自身综合素养的提升。

其次，教师可以结合学生的现实生活进行实践性、人文类语文作业的设计。语文是一门具有实用性的课程，很多知识都与学生熟悉的现实生活息息相关。因此，教师在对小学语文个性化作业进行设计时，就应注重语文学科特点的结合，设计一些具有生活化、实践性的语文作业，以此增强学生的实践能力和学以致用意识。例如，在教学《火烧云》一课后，教师可以为学生布置"向家长或长辈请教识云看天气的常识"这种具有人文性、社会实践类的调查作业，这样学生就会在作业的完成过程中获得生活常识的积累，从更加全面的角度进行核心素养的引导与培养，以此促进课后作业环节教学功能的发挥。

（六）注重作业评价的优化，促进语文作业设计有效性

作业评价、批改是课后作业中最后的一个环节，能集中体现学生的作业情况，同时对学生学习积极性的激发意义重大。因此，在对小学语文课后环节进行优化的过程中，教师

就应在作业的批改、评价环节中进行评价标准、批改方式、评价主体等方面的优化、完善。如教师对学生的作业进行批改评语时，应注重评语的针对性和个性化，这样不仅有助于拉近师生之间的距离，同时也能激发学生完成作业的积极性，实现课后作业环节有效性的提升。

总而言之，课后作业环节是小学语文教学中重要的教学环节，课后作业的科学、个性化设计是促进学生语文核心素养培养的重要途径。因此，教师应在核心素养理念的指引下，积极地树立科学作业观，并从内容、难度、形式以及评价等方面对课后作业进行个性化、多元化的设计与创新，使学生的语文核心素养在课后作业环节得到实践与提升，促进小学语文教学目标的实现。

第三节　基于核心素养的小学语文翻转课堂教学设计

随着信息化时代的到来和全球教育界的变革，翻转课堂模式作为一种信息技术与教学的结合，由传统的教—学步骤翻转为新型的学—教的步骤。这种翻转式教学过程突破了教育在时间、空间上的局限性，顺应了以学生为中心的原则，成了教学研究领域的热点话题之一。

阅读是信息输入的过程，是学生获得语言知识、掌握语言技能的有效途径，在学生增强语感、积累词汇、提高写作水平等方面有着举足轻重的影响，因此阅读教学是语言教学中的重要板块之一，其有效作用的发挥影响着学生素养的发展。然而当今小学语文课堂多以讲解生词、讲评文章、回答问题为主，教学手段单一，致使学生缺乏深层理解、思维拓展和策略技巧的运用，使得阅读过程变得消极被动。为避免上述现象，将翻转课堂引入阅读教学就成为培养学生自主学习能力、创新当前阅读教学模式的一项重要任务。

翻转课堂，也可称"颠倒课堂""反转课堂"，是一种颠覆传统教学方式、培养学生自主学习能力的新型教学模式。传统教学方式是先教后学，由教师讲解并灌输给学生相关知识点，学生仅通过课后的机械性练习巩固所学知识，而翻转课堂是先学后教，明显体现出课堂时间的调整和学生主体地位的发挥。翻转模式下的教学将知识传授与内化的过程颠倒安排，重新规划了课堂教学的进度，促进学生个性化学习。教师利用现代信息技术录制教学短视频或提供相关的视频材料、任务单或课件供学生在课前（课外）自主观看学习并完成在线测试，在课中以师生、生生交流互动的形式完成问题解决、应用和知识的内化，课后作为查缺补漏的环节以促进学生知识的总结与升华。

在小学语文教学落实的过程中，立足语言能力的培养，教师可以同步将思维、审美、创造有机结合在一起，为学生学习展示提供多元空间。在这个过程中教师要发挥引导作用，以翻转课堂模式推动学生各项能力均衡发展。

一、小学语文中翻转课堂教学模式的认知

（一）翻转课堂教学模式的基本特性

翻转课堂是在教师课程开始之前按照教学计划、教学内容、教学重难点将微视频精心地设计和制作出来，学生可以在课前选择合适的环境自主学习教师制作好的微视频，然后在课堂上师生一起讨论、交流，解决自学时遇到的疑难问题或者课堂作业，这种新型教学方法即是"翻转课堂"。在传统教学模式中，知识的传授往往是在课堂上完成的，教师讲、学生听，最后学生通过做课下作业完成课堂学习。而翻转课堂正是与这种传统教学模式相对应的。和传统课堂恰恰相反，翻转课堂主张学生先自学，然后教师再教授，翻转课堂具有更强的互动性和自主性，它更能增强学生的学习效果，提升教学的质量和效率。

但需要注意的是，翻转课堂与原本的在线视频学习也存在一定的差异，这主要是因为学生在观看完网络上的微视频之后，还需要在课堂上和教师一起交流探讨各种问题，也就是教师和学生共同完成了有意义的学习活动，翻转课堂并不是让微视频直接代替传统课堂，不是让学生随意进行学习，也不是让学生单纯地通过电脑进行乏味的视频学习。事实上，作为一种教学手段，翻转课堂增加了师生的交流互动，并且它能够让学生对自己的学习活动更加负责；而在翻转课堂中教师的角色也发生了转变，不再是单纯的"讲授者"，而是成为一个"引路人"。此外，翻转课堂的内容是能够被永久存档的，即使有学生因为各种原因无法来上课，他们也可以通过翻转课程补上自己落下的课堂内容，那些基础薄弱的学生也能够随时根据翻转课程查漏补缺，如此一来，学生对于学习活动就会更加积极主动。下面从五个层面具体分析翻转课堂的特征。

1. 采用先学后教的模式

翻转课堂是十分典型的一种先学后教的教学模式，在此种模式下，学生要在课堂开始之前通过观看教师录制的视频或者是网络教学视频做笔记，完成相关的作业。课堂开始后，学生可以将自己在自学过程中遇到的问题以及做作业时遇到的难题告知教师，和教师一起探究并最终解决问题。随着时代的发展和社会的进步，翻转课堂也要进行转型。在不改变"先学后教"顺序的同时融入新的方法和技术。以网络微视频为基础的先学后教是一种较为成功的教学范式。

与传统课堂以讲学稿、导学案为基础的先学后教模式相比，网络条件下由微视频主导的先学后教模式具有这些特征：①生动讲解。和传统纸质的导学案相比，以视频呈现出来

的教师讲解必定会更加生动形象，从而受到学生的欢迎和喜爱。②及时反馈。与纸质导学案相比，由微视频主导的先学后教模式能够更加及时地得到学生的反馈。不管是课前学生自学情况的反馈，还是课堂上学生的学习反馈，教师都能够迅速得到。③容易检索和保存。相较于导学案而言，电子资料更加方便检索和保存，更加有利于学生的复习。但实际上，不管是导学案还是微视频，所采取的都是先学后教的模式，二者的原理相同。

2. 重建语文学习的流程

翻转课堂最外化或者说最明显的标志就是它颠倒了教学流程。学生的学习过程往往分成两个阶段：一是"信息传递"，这一阶段的实现离不开师生和生生之间的互动；二是"吸收内化"，这一阶段则由学生独立完成。因为课下没有同伴的帮助和教师的指导，因此学生常常会在第二阶段，即对知识进行内化吸收时产生深深的挫败感，从而打击自身学习的积极性，丧失学习的成就感。

翻转课堂模式的出现就重新建构了学生的学习过程。在课前，学生就已经完成了"信息传递"，并且学生在自学时能够看到教师的讲解视频，能够得到教师的在线指导；课堂上，教师会引导学生通过互动完成对知识的吸收和内化，教师通过了解学生的反馈能够给予学生更加有效的辅导，而同学们的彼此讨论交流无疑也对学生的知识内化起到了较好的促进作用。

3. 精准把握课堂的效率

对课堂的把控实际上就是对课堂的控制和调节。在翻转课堂模式中，课堂上的时间主要是知识内化和顺应的时间，如果能够对课堂进行有效调控，课堂氛围就会更加浓厚，课堂效率更高，从而能够更加充分地发挥出学生的创造性潜能。例如，在采用了翻转课堂教学模式的小学语文课堂上，教师更多地成为课堂的组织者、对话者、参与者，而真正的落脚点和出发点则是学生。教学活动实质上就是在各种教学活动引领下的学生的主动学习。在课堂上，教师要合理分配好各活动的时间，对课堂节奏有一个较好的把握，始终让学生成为总结发言、讨论交流的中心，让学生成为课堂的主体，让他们通过互动交流潜移默化地完成知识和技巧的掌握，并且教师要及时评价学生、时刻激励学生，让课程顺利完成。

4. 无限循环微课程资源

就小范围而言，微课在被上传到网络后更加容易检索和保存，这让学生自学更加方便。教师和家长能够共同对学生的自学活动进行督促，让学生通过观看视频完成相关任务及测验。学生也可以从自身实际情况出发对微视频进行反复观看或是查漏补缺。此外，可以设置一个专门评价微视频学习情况的平台，让教师能够通过解答学生的疑问来了解学生的学习进度和掌握情况，并且提供给学生具有针对性的帮助。这不仅有利于教师改进自己的微课视频,也有利于提高学生的学习效率。微课程能够让不同地区和不同国家的学生享受到同样的优质教育资源,这无疑极大地推动教育的进步和发展。

5. 重新定位师生的角色

(1)教师角色发生转变。传统课堂教学常常被称作教师的"一言堂",伴随着翻转课堂的兴起,这种现象得到了改善,教师一改以往刻板的知识传授者角色,转而成为学生学习的指导者与促进者。由此,学生的主体地位得以充分体现,学习主动性与积极性的发挥也成为影响学习效果的关键因素。但是,削弱教师的主导作用并不意味着教师在课堂教学中不再重要,而是要求教师转变自身的角色观念,并为学生的探究学习、小组学习等提供指导。

除此之外,在翻转课堂应用的背景下,教师还被赋予了教育资源提供者、教学视频设计与开发者的角色使命,尤其是在学生课前的自学阶段,以视频为主的学习资源的提供至关重要,学生需要通过这些资源掌握本堂课的相关知识点。课堂学习中,教师为学生的答疑解惑也需要依靠教学视频,以增强讲解的生动性,从而加深学生对知识点的理解。如此,教师便成为学生知识学习与应用中的"脚手架"。

(2)学生角色发生转变。学生原本就是学习的主角,这一观点在翻转课堂教学中得到了更正与强化,学生可以根据自身的知识水平、学习能力等调整学习进度,并且相对自由地选择学习地点和时间。在课堂上,学生可以通过协作学习、小组学习进行知识的吸收和内化。在课堂上学生也担当着知识生产者的角色,那些学习速度较快的学生也可以给予其他同学帮助,从而承担了一部分"教"的角色。

(3)新型师生关系的建立。不管是课前的自学还是课上的交流,其中心都是学生,学生能够自主掌握学习视频的进度,可以将内心的想法和问题与教师和同学们交流,他们在学习过程中比以往拥有更多的主动权,这是重新构建的和谐师生关系。翻转课堂对重构师生关系十分有利的原因在于,教师让学生自主选择探究题目,并独立完成探究过程,完成知识体系的建构,真正将学生视为学习过程的主体。

(二)翻转课堂教学模式的具体要求

1. 教师方面的要求

教师作为培养人的人,在翻转课堂教学模式中是一个引领者,希望培养出适应时代发展的人才,教师就要以身作则,接受新的课堂教学模式发出的挑战。

(1)转变教学理念。翻转课堂教学模式是一种颠覆传统的教学方法、教学模式,当前产生的新兴教学模式,教师们从认真学习到积极实施,这中间经历的不仅仅是教学模式的形式变化，更是根深蒂固的传统教学理念的变化。教师要把握住翻转课堂的内涵，翻转的是知识传授和知识内化这两个环节，并不是简单的课前观看视频、课上传统教学。课堂不再是教师的课堂，不能再有我的地盘我做主的想法，而是真正要从学生的反馈出发来组织教学，在课上以学生的问题为切入点，以学生的疑问为教学内容，有的放矢地开展，真正将学生放在了教学主体的地位上。

（2）信息素养要求高。翻转课堂教学模式实施的每一个环节，从课前视频的制作、学习资源的搜集、PPT 的制作，到课上多媒体教学手段的使用等，都要求教师要具备较高的信息化素养。

（3）提高教学设计的能力。翻转课堂教学模式主要从时间和空间上翻转了知识传授和知识内化两个阶段，知识传授环节从课上挪到了课前，知识内化环节从课后挪到了课上。这样，教师不仅仅要在知识传授环节进行教学设计，课堂上的知识内化环节更需要高超的教学设计。如何将学生学习的反馈整合起来，创设怎样的情境，理清怎样的思路将问题贯穿始终等问题，都是教师要思考的问题。这比传统课堂的教学设计有更高的要求，是更大的挑战。

2. 学生方面的要求

传统课堂中，学生总是跟在教师身后亦步亦趋，而翻转课堂中，课前，学生可以自由选择学习的时间、地点，学习的进程，甚至可以就一个内容反复地学习。对于学习中产生的疑问，可以在课前或是直接在课堂上反馈给教师，教师可以做到有针对性的答疑解惑。学生还能够参与协作学习、讨论探究，主动构建自己的知识体系，成为学习的主动参与者甚至是领导者。相较于传统教学，更容易让学生获得成就感，自信心也能有很大提升。但是，这样的教学模式需要学生转变学习方法，提升学习的技能，对学生而言也是一大挑战。

（1）学生需要具备自主学习的能力。传统课堂中，学生的学习方式主要是听讲，接受知识，可将其称为"学会"。而翻转课堂教学模式中，学生要"会学"。在课前视频学习及讨论交流环节中，学生需要自己做主，在没有教师指导的情况下进行学习，习得的新知识还要添加到自己已有的知识体系中，进行有效整合以备使用，即对学习者而言，需要具备很强的自主学习能力。但在实践中，部分学生由于长期的传统课堂的熏染，缺乏自主学习能力的培养，自主学习能力较为低下，在翻转课堂教学模式中学习起来较为困难，学习兴趣可能反而比之前更为低下，这是翻转课堂教学模式在学生方面的一大挑战。

（2）学生需要具备与他人交流的技能。在互动讨论环节里，学生要具备与他人交流的技能。学生需要为同伴答疑，条理清晰地摆事实讲道理；自己遇到疑问时，用准确的语言描述自己的难处，让教师同学能够知道问题关键所在；或是在小组学习时能够协调组内成员的关系，必要时还要能够领导他人，这都需要一定的甚至很强的交流技能、交流技巧。翻转课堂教学模式需要这种能力，学习者也能在该模式中不断培养这种社交技能。

（3）学生需要具备信息化素养。随着电子设备的普及，学习也进入智能化时代。学生本身都具备一定的信息化素养，但是大部分学生的电子设备用于娱乐，很少用于学习。学生对于学习软件、工具的使用不熟悉，因此，虽然学生具备信息化的硬件，但这些硬件被开发而使用在学习上的只占了很少部分，很多工具仍要教师、家长和社会善加引导开发，这就对学生的信息化素养方向提出了挑战。

（4）学生需要学会自我管理。翻转课堂的学习中，学生拥有了一定的自主权，可以决定学习时间、方式、进度等。学习时会借助一些电子设备和网络，因此学生要自己决定在学习中花费多少时间，这时就要求学生要有一定的自我管理能力。学生要能合理地分配学习和娱乐的时间；学习中要合理分配视频学习、课前作业的时间；选择合适的时间来学习等。

（三）翻转课堂教学模式的影响因素

翻转课堂教学设计是一项十分复杂的工作，它的影响因素有很多，例如学习活动、学习资源、学习环境、学习分析等，下面对这些因素进行系统分析。

1. 学习活动因素

在翻转课堂设计中，课堂学习活动的设计是核心。只有在良好的学习活动的基础上，才能更加有效地实施翻转课堂。在翻转课堂模式下，课前已完成了知识的传递，在课堂上就节省了教师讲授知识的时间，因此，怎样利用充分的课堂时间组织活动加速知识的内化，是翻转课堂成功的关键所在。翻转课堂的教学活动按照活动的展开范围可以分为全班交流活动、小组学习活动、个人学习活动。其中，小组学习活动是这三种活动中较为常用的。

2. 学习资源因素

要想使翻转课堂得到有效的实施，必然离不开各种优质的学习资源。这些资源包括电子课件、微课视频、学习网站、文本教材、电子教材、练习题、在线课程等。其中最重要且最常用的学习资源就是微课视频，它集中讲解了新的知识点。翻转课堂的学习资源更多地用于学生的课前学习。为了提高学生自主学习的效率和效果，教师不仅要将相应的视频资源提供给学生，还要为学生设计自主学习任务单，以引导学生的视频学习。学生可以参照学习任务单，明确观看视频的重点，从而顺利完成知识的自学过程。

3. 学习环境因素

翻转课堂的实施离不开网络学习环境的支持，例如学生的学习终端和网络学习平台等。网络学习平台在翻转教学模式中发挥着较大的作用，它能够为教师提供个性化推送，能够实现师生之间的互动交流，并能够收集和分析学生在线学习的各种数据。在翻转课堂的实施方面，网络学习平台是最基础的环境。学习终端也具有很多功能，例如支持学生微视频学习、网络交流、在线测试等。

4. 学习分析因素

在实施翻转课堂时，教师还有一个十分重要的工作，即利用学习分析技术解释和分析学生在课前网络学习过程中所产生的大量数据，从而判断出学生的学习进度以及可能存在的学习问题，或者对学生的协作能力、批判性思维以及解决问题的能力等进行分析，并在此基础上对自己的教学过程或者教学内容进行适当调整。

（四）翻转课堂教学模式的内容设计

1. 过程设计

（1）确定学生课外学习目标。翻转课堂的设计第一步就是将学生的学习目标确定下来。翻转课堂使课内外的教学颠倒过来，学生在课外已经对新知识进行了学习，课内则将更多的时间放在知识内化上。因此，学生在课内和课外的学习活动有着不同的学习目标。在确定目标时要考虑到下列方面：

第一，详细地阐述学习目标。对于学生完成学习任务前后所发生的能力和行为方面的变化，学习目标应该做出重点解释。从认知领域的学习目标而言，罗伯特·F. 马杰的著作《程序教学目标的编写》中指出完成的教学目标具有一些基本要素——条件、行为、标准。在具体进行教学设计时，有必要在以上三个要素的基础上添加一个新的要素——对教学对象的陈述。为了方便记忆，可以将制定教学目标的要素简称为"ABCD模式"，具体如下：

A——对象：详细地说明教学所针对的对象。

B——行为：阐明通过学习学习者所发生的行为方面的变化，在描述行为时，应该更多地使用"了解"、"知道"、"应用"、"掌握"、"理解"等词。

C——条件：论述行为产生的条件。

D——标准：对达到上述行为的最低标准做出明确的规定。

第二，学习目标是能够实现的。在制定学习目标时，往往要考虑很多因素，例如学生的认知规律、年龄和知识水平等。若学生的年龄不同，他们的知识和能力水平、认知规律等也会存在差异，因此对于不同的学习活动他们能够达到的学习结果也会各不相同。因此，所制定的学习目标应该是学生能够实现的。

第三，学习目标是可测量的。教师制定出来的学习目标一定是可量化的，这样有利于对学生达到学习目标的程度进行测量。因此，每一个学习目标都要有与之对应的评价活动和评价问题，还要有评价工具对学生完成目标的情况进行收集。

（2）选择翻转内容。在翻转课堂的课外学习目标确定之后，教师就要对翻转内容进行选择，选择翻转内容，必须将学生的特点和认知规律作为出发点。

（3）选择内容传递方式。选择内容传递方式主要指的是媒体工具的选择，正是这些媒体工具承载着学生翻转学习的内容。通常翻转课堂中可用到的媒体工具有两类：第一，文字、视频、图片等承载着翻转内容的媒体资源；第二，传播资源的系统工具，例如学习管理系统、网络教学平台、网络终端和交流通信平台等。通常决定着选取何种学习内容传递方式的因素有：要传递的内容的大小和形式、学习者的位置及其接收设备等。在综合考虑各种因素的基础上，教师要选择传递信息量大、传递速度快、信息获取方便的最佳方式，以方便学生个性化学习的开展。

（4）准备教学资源。在学习内容和传递方法都确定之后，就到了学习资源的制作环节。学习资源可以自己开发制作，也可以搜集网络上的相关资源，但不管是通过何种途径形成的学习资源，都要与此前制定的学习内容相一致。此外，资源的大小和形式等也要和传递工具匹配。

（5）确定学生课内学习目标。课内学习目标和课外学习目标是存在差异的。课外学习目标主要是针对低阶思维技能提出的，因为课外学生的学习活动更多的是培养学生的识记、理解和应用能力。而在课内，学生要和师生深入地讨论交流、开展探究活动，所培养的更多的是评估、分析和创造等能力，所以毫无疑问，课内学习目标更注重高阶思维技能方面。

（6）选择评价方式。在课程开始前，师生都应该对课堂教学活动做好充分准备。低风险的评价方式是课堂上教师评测学生的常用方式，这种方式不评价学生的等级和分数，而主要用来发现学生在学习过程中所存在的问题，以便师生对自己的计划进行相应的调整。

课前小测验就是经常用到的一种低风险评价方式，小测验有 3~4 个题目，它既检测了课前学生所学到的事实性知识，又使学生有了一个综合应用新知识的机会。通过这个测验，教师可以将测验中的问题告知学生，学生也可以就自己的困惑向教师提问，从而得到满意的解答。因此，在课程开始前用低风险的评价方式对学生的学习效果进行检验是较为有效的教学策略之一。低风险评价的方式有很多种，教师可以根据学生课前的自主学习内容选择最佳的评价方式进行评价。

（7）设计教学活动。通过之前的评价教师已经大致明确了学生的学习难点，此时教师需要根据课程目标和学习难点设计最佳的课堂教学活动。课堂学习的重点是解决学生在自主学习过程中的难点，引导学生对新知识进行应用，并将学习内容引向更深的层次。因此，所设计的教学活动要有利于培养学生的高阶能力，例如探究学习、基于项目的学习等。

（8）辅导学生。只有在教师的正确引导下，课堂上的教学活动才能取得预想中的优良的教学效果。在学生开展教学活动时，教师应在旁边予以适当的指导，有时对于那些存在困惑的学生，教师还有必要进行个性化辅导。在学习过程中，对于学生所提出的问题教师要及时给予答复；在学生学习结束或者是汇报学习成果时，教师要进行总结，引导学生进一步内化知识，完成知识的升华。

2. 任务单设计

（1）学习任务单的设计方法。在学习任务单的设计过程中，最关键的部分有两方面：一方面是学习目标的设计；另一方面是学习任务的设计。

第一，学习目标的设计。学习目标从本质上而言，同教学目标的根本方向是一致的，它是由教学目标转化而来的。学习目标的设计目的在于反映学生在自主学习情况下的学习效果。学习目标通常是确定的，因此它是一个常量要求，而不是变量要求。在学习目标的指导之下，学生的自主学习应当有一个进度计划，并根据自己的实际需求完成各项学习活动，以达到掌握所有的学习材料，完成学习目标的目的。

一般而言，学习目标的设计分两个步骤进行：一是以教材为依据，进行详细而深入的分析，确定具体的教学目标；二是对既定的教学目标进行转化，使其成为适应学生学习实际的学习目标。虽然学习目标是由教学目标转化而来的，但是两者不是完全等同的。因此，教师应当明确地向学生说明他们所应当自主完成的各项学习任务，并要求他们通过观看教学视频完成学习任务单所给出的各项学习活动，这样学生就能够对自己的学习目标形成一个清晰的认识，这对于学生自主学习的高效完成是不可或缺的。

第二，学习任务的设计。学习任务的设计同样是学习任务单设计中一个至关重要的组成部分。学习任务的设计科学合理，就能够为学生自主学习的实现提供重要的保障。一般而言，学习任务的设计，应当按照以下要求来进行（表6-1）：

表 6-1 学习任务的设计

与学习目标的要求相符合	学习目标的设计目的在于使学生在开展自主学习之前，就能够对自己的学习活动以及自己所要实现的学习效果形成明确的认识。要想真正将学习目标落实到学生的学习实践中，就必须以良好的学习任务设计来作为保障。这样学生只要完成了既定的学习任务，就能够自然而然地达成学习目标。如果教师能够将学习任务设计得科学而又合理，那么学生也就能够在自主学习中快速而有效地实现教师所预期的教学目标。
具备把知识点转化为问题的作用	在学习任务设计过程中，最有效的一个途径就是将学生所要掌握的知识点转化为具体的问题。具体而言，就是将教学中的重点、难点以及其他一些知识点通过问题的方式呈现在学生面前。对于教师而言，这种转化不仅是必要的，也是必需的。首先，把知识点转化为问题具有非常强的可操作性，因为自主学习的向导便是问题，有了问题，学生就能够开展自主学习；其次，将知识点转化为问题，能够在很大程度上启发学生的思维，培养学生分析问题和解决问题的能力。
将知识点的涉及面与权重考虑在内	学习任务的设计有两个关键的因素：①对教学的难点、重点以及其他知识点都应当有所涉及；②对于各类知识点的权重要有明确的把握。一般而言，教学的难点和重点需要细化分解为更具体的问题，才能够使学生加强理解和记忆，而其他一般性的知识点则只需要一个问题就能够使学生达到掌握的目的，所以，教师对于各类知识点不能一概而论。
为学生提供便捷的资源链接	学生在自主学习过程中，需要大量的学习资源作为支撑，因此，教师应当在设计好的学习任务中，设置比较醒目和便捷的资源链接，这样一来，学生就能够及时获取所需的学习资源，高效地完成学习任务。
适当地融入练习	学生经过自主学习，能够掌握一些基础知识，如概念、原理等，此时最需要的就是对这些内容进行巩固，教师应当适当地在学习任务的设计中融入一些联系，让学生既能通过练习检测自己自主学习的效果，又能获得学习成就感。

（2）学习任务单设计的注意事项。具体如下：

第一，明确学习目标与学习任务的关系。学习目标与学习任务的关系十分密切，但是两者并不是一个概念。在学习任务单的设计过程中，部分教师对于这两者没有形成非常清晰的认识，就容易导致学习任务单的设计出现问题。

第二，知悉课前任务与课堂任务的关系。虽然在翻转课堂教学模式下，学生在课前观看教学视频开展自主学习是一个非常重要的关节，但从根本上而言，课前的自主学习并非翻转课堂的核心环节，而课堂教学中的交流互动与探究学习才是翻转课堂的重中之重。换言之，学生课前的自主学习是课堂开展的基础，也是课堂学习的重要保障。翻转课堂要想实现成功的翻转，最关键的是参与课堂教学的学生要在课前观看视频的过程中进行积极的思考，并提出问题，只有这样，才能推动课堂教学中一系列互动和探究学习活动的有效开展。可见，学生在观看视频之后，完成学习任务单所规定的学习任务，并不足以支撑课堂教学活动的进行，其中不可或缺的方面是学生还应该积极思考，发现问题，从而带着问题参与课堂教学。这样学生就能够在课堂的互动中与同伴合作探究，以达到解决问题的目的。

由此可见，如果学生在课前观看视频的过程中思考越充分，发现的问题越多，课堂的互动与探究也就越能够有效地展开，课堂教学效果自然也就越好。所以，教师在设计学习任务单时，应当明确课前与课堂的任务及目标的关系，在对它们进行设计时，也应当保持在合理的范围之内。否则很容易导致课前与课堂的任务与目标之间产生混淆，而无法实现预期的教学效果。

3. 学案设计

学案，也被称作导学案，指的是教师所设计的能够对学生的自主学习和知识建构起到指导作用的材料。学案的作用是多元化的，如导读、导思、导视、导练。

（1）学案的构成。学案对于学生的自主学习起到重要的指导作用，因此，学案在构成上应当包含诸多足以支撑学生学习活动开展的因素，如学习目标、重难点、知识链接、学习指导等。

第一，学习目标。学习目标指的是学生在完成一系列学习活动之后所应当达到的程度。教师在设计学案时，应当为学生设置具体而明确的学习目标。目标的数量切忌过多，通常设置 2~4 个是比较合理的。此外，教师还需要注意，教学目标的表述中不要用模糊的词语，例如"了解""掌握"等，而是要用明确的词语，如"解决……问题""记住"等具体的词语，这样才能确保学生明确目标并为实现目标而努力。

第二，学习重难点。教师在设计学案之前，要明确课表的具体要求，并对教材进行深入分析，然后根据学生的实际学习情况，确定学生学习的重难点。

第三，知识链接。教师要在学案中为学生提供丰富的知识链接，以便于学生巩固旧知识、预习新知识，从而为以后的学习奠定基础。

第四，学法指导。学法指导可以通过两种方式来呈现：一是在知识的导学中融入学习方法；二是单独呈现学习方法。常用的学法有自主学习方法、阅读方法、做笔记方法等。

第五，学习内容。在学案设计的诸多要素中，学习内容是一个非常关键的方面，它通常包括自主学习、合作学习等内容。学习内容的设计不仅要体现出学案导读、导思、导视、导练的作用，而且要对知识进行更深层次的挖掘。

第六，展示提升。展示的根本目的是实现学生的提升，因此，它不是传统意义上的重复讲解与核对答案。针对这一环节的设计，我们必须体现出创新性与互动性，使学生无论是在小组展示还是班级展示中都获得提升。

第七，学习小结。学习小结指的是对本堂课的知识所进行最后的归纳总结，目的是加深学生对知识的理解与记忆。

第八，达标检测。达标检测的设计要注重题型的多样化，但是题量和难度应当适中，并体现出一定的典型性和针对性，使其真正起到检测学习成果的作用。学生完成检测之后，教师应当给予及时的指导。

第九，学习反思。师生在课堂的教学中形成的学习反思是重要的教学资源。学案要留有一定的空白，使师生能够及时对自己的反思进行记录。学生通过记录自己的学习反思，就能够为以后的复习提供许多便利。

（2）学案设计的方法。具体如下：

第一，学案设计的要求。翻转课堂学案的编写不能对课程标准与教材中的相关内容进行照搬，而是要以学生的有效学习为中心，进行具体的教学设计。通常而言，翻转课堂学案的编写主要有以下要求：

首先，帮助学生梳理知识体系。帮助学生梳理知识体系要过好教材关。首先，要充分理解教材的编写宗旨，把握教材的知识体系和知识结构；其次，要掌握教材中针对不同层次的学生所提出的学习要求，深入理解个性化教育的深刻内涵；最后，要把握学生获取知识的全过程，寻找激发学生思维和能力的关键点。

其次，为学生提供适宜的学习方法和学习策略的指导。学案的编写，要求教师在教学过程中实现由关注自身如何教向关注学生如何学转变，因此，学案应当具有较强的指导性和预见性，使学生能够在学案的指导下积极地进行思考，实现学会与会学两者的有机统一，进而使学案真正成为教师教学的依据和学生掌握学习方式和知识体系的重要载体。

最后，学生的个性发展与全面发展要统一。每个学生都是一个独立的个体，在自身学习能力和知识水平上，都存在不同程度的差异，因此学案的编写应当将这一方面充分考虑在内，使学案能够满足不同层次学生的学习需求。需要注意的是，学案并不是僵化、一成不变的，在使用的过程中，教师完全可以根据现实的教学需求，结合自己的思考和理解对学案进行个性化加工，从而最大限度地发挥学案的价值。

第二，学案设计的具体方法。内容如下：

首先，明确教学目标，建立知识结构框架。学案设计的目的之一就是指导学生的学习，因此，学案中应当将教学目标明确体现出来，并且保证全面性，即除了单一的知识目标，还要包括相应的能力目标、德育目标等。与最为重要的知识目标相对应的，就是系统的知识结构框架，如宏观的学科知识结构、微观的课时知识结构，这也是学案设计需要格外关注的。

其次，把握知识的重难点，找出最佳切入点。除了基础知识的铺列，学案设计还要注意把知识的重难点体现出来，让学生明确本次学习的着力点。同时，教师要发挥辅助者的作用，为学生攻克重难点知识提供相应的方法，引导他们通过发散思维分析出问题的症结所在，并在个人努力与通力合作中将问题解决。

再次，设计问题，培养学生运用知识的能力。在学生能够对知识基本掌握之后，教师就要培养其对知识的运用能力，设计问题就是一个很好的方法。具体而言，就是教师以学习内容为依据，以学生的学习能力为参考，以启发学生的思考为目的，设计一些实用性的问题，学生解决问题的过程就是在实际中运用知识的过程，由此，学生的知识运用能力自然得到提高。

最后，通过练习，及时自查和巩固学习效果。练习是学案设计的最后一个环节，也是最不可或缺的一部分，原因在于，学生在系统的知识学习之后，必须通过检验才能得知学习效果，学案中练习题的设计就可以起到促进学生自查的作用：一方面，自查可以让学生明确自己的学习情况；另一方面，教师也能够根据自查的结果对学生开展针对性的指导，从而改善其学习效果。

4. 活动设计

翻转课堂包括课前自主学习与课堂互动探究两个主要环节。在课前自主学习环节，学生虽然掌握了一定的知识，但是这些知识并不成系统，而是"碎片化"的。只有在课堂上，通过活动与探究，对这些"碎片化"的知识加以整合，才能实现吸收和内化。所以，对于课堂环节的设计是翻转课堂实施的一项关键内容，也是对教师教学设计能力的一个极大的考验。具体而言，课堂活动的设计主要涉及以下方面的内容：

（1）确定问题。翻转课堂不同于传统的课堂教学。在翻转教学课堂中所探究的问题并不是由教师单独决定的，而是由教师与学生共同确定的。从教师的视角而言，教师在提出问题之前势必会结合教学大纲、教学目标以及教学的重难点。而从学生的视角而言，学生在提出问题时，会参考自己在课下看视频的情况和结果，也可以根据课前的一些练习以及与同伴之间的讨论，将一些课前无法解决的问题呈现出来。通过综合分析师生的不同的问题，最终确定翻转课堂所探究的问题。

（2）合作探究。合作探究最常见的形式就是小组协作。教师可以根据学生的实际情况，按照每组4~6人的规模来划分小组，之后，将探究的问题分配给每个小组，同时，为了小组讨论的顺利进行，教师应该在每组中选取一个组长，来负责该组的探究活动。在合作探究中，教师应该鼓励小组内的每个成员都积极参与讨论和探究，并结合主题和自身已有的知识提出自己的见解，从而通过不同成员的交流与讨论来解决问题，进而实现学习目标。需要注意的是，在每个小组讨论的过程中，教师必须发挥指导的作用，及时捕捉学生探究的动态，从而选取一些合适的学习策略。除此之外，在合作探究中，教师应该引导学生先解决组内问题，再交流与讨论其他组的问题，这样不仅能够激发学生学习的兴趣，还能提高学生的参与意识，从而实现教学目标。

（3）展示质疑。经过合作探究之后，就进入了下一个阶段——展示质疑。通过合作探究之后，教师应该组织全班学生将自己或小组内的协作探究成果展示在教学课堂中。在这一过程中，教师只是一个组织者和引导者，可以对学生提出的观点或意见加以补充，但不可以代替学生来表达，真正将课堂变成学生的研讨会。在组织学生展示时，教师可以采取的形式有很多种，比较常见的有演讲形式、比赛形成、成果展示形式等，从而保证各个小组都有发言的机会，实现学习与讨论的共享。

（4）点拨评价。在展示质疑之后，教师就需要根据不同学生的表现和观点进行点拨评价。对于学生一些错误的观点和答案，教师应该充分发挥引导作用，及时指出和更正学生的错误；对于学生不完整的观点和答案，教师也应该有针对性进行补充和完善；而对于一些没有确定答案和比较开放的问题，教师没有必要统一学生的答案和观点，而应该鼓励学生积极参与到讨论中，并发表自己的观点。

总而言之，教师应该在学生合作探究和展示质疑之后，对学生的完成情况进行归纳和总结，从而了解学生学习的情况以及存在的问题。另外，教师可以根据学生已掌握的知识、未掌握的知识以及需要进一步拓展的知识来设计下一步的教学方案，保证教学方案的真实性、针对性和可行性。需要注意的是，在点拨评价完成之后，教师应该给学生布置下一次的教学视频以及需要探究的问题，从而使学生不断吸收新知识。

（5）达标测评。翻转课堂活动设计的最后环节是达标测评。经过以上四个环节的不断推进，学生已经掌握了课程标准所要求的知识目标与基本技能目标，同时学生对教学中一些基本概念、基本原理有了进一步的理解与认识，并能够灵活地进行应用。因此，教师可以通过临下课前的5~10分钟来对学生的达标能力进行测评，从而更好地进行下一步的教学。达标测评不仅有利于检验学生的学习情况和技能水平，还有利于学生综合能力和灵活应用能力的提高。

综上所述，翻转课堂教学活动的设计，其实就是一个确定问题—解决问题—评价问题的过程。众所周知，无论是传统教学课堂还是翻转课堂，其时间都是固定不变的，因此，在实际的教学中，教师应该根据不同环节的重难点来安排和调整时间，从而为翻转课堂的实施提供保障。

（五）翻转课堂教学模式的运用方法

1. 学生学的方法

（1）学生课前观看视频的方法。翻转课堂不同于传统教学课堂，它主要通过教学视频的方式来完成教师传授学生知识的过程。同时，这个过程是学生课前完成的。另外，学生课前通过教学视频来学习一些原理性、事实性的理论知识，从而对教学内容有一定的了解和学习。学生在课前观看教学视频的过程实际上是一个自我调控的过程。翻转课堂涉及的教学视频较短，一般控制在7~10分钟。在短的时间内完成基础理论知识的学习，需要一定的策略和方法。因此，学生课前观看教学视频需要掌握一定的策略和方法，具体分析如下：

第一，学生必须具有一定的自制力和控制力，这是顺利观看教学视频的基础和前提。因此，学生在观看教学视频时应该选择一个相对安静的环境，保障没有外界的干扰，以便于自身能够全神贯注地投入视频观看中。

第二，结合自己的学习情况有选择地对视频进行回看。同一个教学视频，不同的学生观看会遇到不同的问题。同时，部分学生在很短的时间内完成教学视频的观看，这样不仅捕捉不到教学视频中的核心知识，还不利于下一步的讨论与学习，更不利于提高自己独立探究能力。因此，在观看视频时，学生应该对自己负责，并根据自己实际情况进行视频的观看与学习，必要时可以回看视频，从而真正掌握视频中的理论知识。

第三，在观看视频的过程中，学生应该认真做好笔记，笔记的内容可以是自己感兴趣的知识，可以是自己的比较疑惑的问题，也可以是一些具有探究性的深入问题。这一步在课前观看视频中起着十分重要的作用。

综上所述，学生在课前观看视频是需要掌握一定的策略和方法的，这样他们才能进行快速而有效的学习。

（2）学生进行独立探究的方法。独立探究策略凸显了学习的独立性、自主性、开放性，同时也凸显了教学的实践性。学生在课前观看视频时采用独立探究策略是十分重要的，这种探究策略也可以运用到实际的教学中，从而凸显学生的主体性。

随着经济全球化的不断发展，社会对探究型、创新型人才的需求更加强烈。因此在实际的教学中，教师应该多培养学生的独立探究意识，提高学生的独立探究能力，进而培养和提高学生的创新能力。而翻转课堂是适应当今时代的一种新型教学模式。在翻转课堂教学模式中，学生可以积极主动参与到教学活动中，并进行独立探究的学习。同时，翻转课堂教学打破了传统的教师传授—学生被动接受的模式，它注重学生知识的获取过程。在翻转课堂中,教师也不再是教学的主导和中心,学生的主体性地位得以彰显。同时,在知识获取的过程中,学生自主学习和主动性代替了教师的传授知识的学习。另外,学生在独立探究过程中,遇到一些问题和困难是难免的,这时教师更应该发挥自身的引导作用,从而帮助学生理解和学习。更为重要的是,学生在独立探究过程中,能够体验到学习的乐趣,从而提高独立探究的热情。

2. 教师教的方法

(1)教师制作教学视频的方法。翻转课堂是否能够顺利实施,教学视频起着关键的作用。优秀教学视频的制作离不开优秀的教师。因此,教师在制作教学视频时,应该保障教学视频的可行性和高质量。教师在制作视频时可以结合自己已有的知识独立制作,也可以采用或参考网络上的一些高质量教学视频。教师制视频需要很多的辅助工具,其中截屏程序是必不可少的。截屏程序的作用主要是在教师录制完教学视频后,截取掉一些不需要的视频内容,从而完成对教学视频的修改和完善。同时,在录制视频的过程中,教师也可以借助网络摄像头来完成重点内容的录制。另外,教师为了突出重点和难点,需要在白板上进行作图时,可以借助数字笔通过注释的方式来完成。

综上所述,教师制作教学视频的质量直接关乎着教学效果的实现,因此,要想制作出高质量的视频,教师需要注意以下方面:

第一,从视频的时间上入手,保证视频的短小,确保视频时间控制在10分钟以内,具体的视频时间可以根据学生的实际情况来确定。

第二,保证声音有力、节奏适中、语气恰当、语言顺畅。只有这样才能激发学生学习的兴趣,进而吸引学生观看教学视频。另外,教师在录制视频时,可以根据情节需要,变换自己的语调、语气等。

第三,确保视频中语言的幽默性。教师可以根据实际需要适当增加一些幽默性的语言,这样能够调动学生学习的积极性。

(2)教师教学生观看视频的方法。如果说教师制作高质量的教学视频是教学成功的关键,教师教学生观看视频就是教学成功的基础。要想保证翻转课堂在网球课堂中实施的顺利性和效果的成效性,教师必须注重学生观看教学视频的策略。教师可以先让学生意识到观看视频的重要性,然后鼓励学生独立观看教学视频,最后通过一些具体的策略来引导学生如何观看教学视频。下面对学生如何观看教学视频做进一步分析。

第一,清除不利于学生观看教学视频的一切要素。例如,通常而言,学生在观看视频时习惯性地将其他无关网页打开,这时教师应该将这些不利因素及时清除。另外,在刚开始实施翻转课堂教学模式时,教师应该集体训练和传授学生如何观看教学视频,并对教学视频的控制进行讲解，如教给学生如何使用暂停键和倒键等。同时，教师应该引导学生悟出观看教学视频的真谛和价值，从而激发学生观看教学视频的兴趣。总而言之，教师应该提高学生对视频的控制能力。

第二，观看视频中如何做好笔记。教师应该让学生知晓，学生在观看视频时应该掌握做笔记的技巧，学生可以记录重难点，可以记录知识点，做好归纳和总结。

第三，鼓励学生寻找问题并提出问题。这样有利于了解学生完成任务的情况，培养学生独立探究和学习的能力。

（3）教师进行课堂教学的方法。实施翻转课堂教学模式最重要的一步就是教师课堂教学的策略。只有教师组织好教学活动，通过教学策略的实施来促进学生完成学习任务，最终完成知识的建构。

在翻转课堂教学中，教师可以根据学生的实际情况以及教学内容采用不同的教学策略。例如，提问策略、实践性策略、合作讨论策略、共享策略等，从而保证翻转课堂的顺利实施。

总而言之，翻转课堂打破了传统的教学模式，注重学生的主体性，提高了学生自主学习和独立探究的能力。同时，在这一过程中，教师不再是权威者和主导者，而是教学活动的引导者和组织者。高效地利用课堂时间，有效地实施翻转课堂，需要教师具有稳固的知识、丰富的教学经验以及超强的管理能力。

（六）翻转课堂教学模式的发展前景

翻转课堂已经成为教学改革的焦点，对现代教学有着很大的影响。翻转课堂能够帮助学生培养自主学习的能力，从而提高学习效率并使其记忆更持久。翻转课堂允许学生在自己认为合适的时间和地点来获取他们感兴趣的知识，从而培养学生强烈的学习动机和浓厚的学习兴趣。

翻转课堂在老师和学生之间建立了一种新型的平等友好关系，拉近了师生距离，增进了师生间的感情。在翻转课堂上，老师不再是一直站在讲台上的知识传授者，而是学生们人生的导师、朋友等。在学习的道路上鼓励学生，在探索知识的道路上指引学生。老师从"主演"变成了"导演"；从讲师变成了导师；从讲授者变成了支持者和协助者。翻转课堂还鼓励老师因材施教，有助于学生的个性化发展，实现教育的个性化。由于学生千差万别，因此他们的教育"最有效点"也应该因人而异。在一个理想的翻转学习环境中，老师应该给学生提供多种选择，学生的学习方式可以是视频、教科书、网站、在线模拟、实践活动、以学生为中心的项目，或者解决现实世界的问题。每个老师所提供的选择应该考虑学生年龄、学生的自主程度，以及具体学科的学习资源类型。另外，翻转课堂教学模式的发展前景还表现在以下方面：

第一，课程内容更加丰富。翻转课堂教学的发展，要求更多的优质视频课程，这会吸引很多优秀创作者的加入，整合更加优质的教学资源，融合更多生动的案例，产生更多优秀的创作。这些资源和创作者，都是我们丰富的课程内容和内容的来源。

第二，教学互动方式多元化，翻转课堂成为必要方式之一。由单一平面视频教学向立体化、数字化教学发展。目前翻转课堂的教学方式主要为平面视频教学（含直播和录播），相比线下教学，缺少面对面教学环境体验和学习氛围。例如，新兴虚拟现实（VR）技术成熟后将被引入教学中，在增强教学环境体验的同时丰富教学方式，增强学生对于知识的认知。

第三，大数据技术应用于教学，有利于翻转课堂的发展。一方面通过针对学生学习行为轨迹数据的分析，了解学生对于知识的学习路径、不同知识点的学习时长、不同时间点的学习效率、课程形式及内容的偏好、重难点掌握情况及互动反馈情况等，进而可以优化课程结构、调整课程时长。另一方面，各个学校间信息系统整合之后，形成数据仓库，通过大数据技术可辅助学校进行教学管理，包括课程内容的分类管理、课程来源的管理、精品课程应用管理等。除此之外，其他新技术也将被引用，如感知智能技术，在原有单一的键盘输入上增加语音交互、体感交互等方式。新技术的引入整体将优化学习体验。

二、小学语文融入翻转课堂教学模式的意义

"翻转课堂融入小学语文就是要通过信息技术引领学生掌握学习方法，制订学习规划，在正式课堂教学之前先完成独立自主学习，引领学生突破一些基础性问题。在课堂教学落实的过程中，教师再更好地与学生高效互动，达成高阶目标，将翻转课堂教学模式引入小学语文课堂具有多元意义。"

（一）优化学生的学习意识，提高课堂教学效果

小学语文教学落实的过程中，教师面对的学生较多，学生的学习基础、学习能力也带有鲜明的差异性。翻转课堂教学模式的应用，基于课前引导，让学生开展自主学习。这样在课堂上，对于一些基础性问题，教师就不需要再费力讲解，可以更好地从文化审美、对比借鉴的角度推动学生高效学习。同时，课堂上教师可以为学生预留更多展示时间，让学生边学习、边讨论、边思考、边表达，使课堂互动更加频繁，学生学习意识显著提升，教师与学生有效倾听、互动交流，以协作型学习促使课堂教学高效推进。

（二）利于更好地以生为本，激发学生进取动力

传统课堂模式下的小学语文课程教学以学生的被动接受为主，学生在学习的过程中缺

乏进取心，同时学生对各类学习方法的应用也不够自主灵活，按照教师的教学指引按部就班地来学习，会削弱学生的学习挑战意识。翻转课堂理念指引下的小学语文教学，从教师的"教"向学生的"学"扭转。学生可以在教师正式讲解之前，通过视频、学习任务单、教辅书籍等多个渠道学习知识，让学生享受探索的过程，发现语文之美，开展丰富阅读。同时，学生的一些鲜活发现可以与大家分享交流，这样，课堂就能够真正变成学生能力展示的平台。他们不必局限于教师呈现的素材而学习，可以更好地联动探究、多元展现，将手抄报、手工制作、情景剧等多种学习成果展示到课堂上，从而使学生对学习内容印象深刻，提升学生自身的学习创新意识。

（三）规划学习过程，助力学生提升自我约束意识

小学阶段要从提升学生核心素养的角度，培养学生自身的学习规划意识，每节课程内容都要让学生完善提前预习环节，以学生高效预习突破基础知识及课程重难点。而在课堂教学落实的过程中，教师要对学生综合读写能力提出更高的评价标准，以教师的教学引导、鼓励学生积极表达，使文化和审美目标高效达成。同时，翻转课堂模式的应用，可以更好地为学生推荐一些个性化学习资源，完善学生课后学习环节，教会学生更好地掌握自己的学习过程，实现多元能力均衡发展。

三、小学语文中翻转课堂教学模式的有效应用

核心素养理念指引下的小学语文教学关注课堂教学有效性，更要推动学生自身学习意识不断发展。同时，要将语言、思维、审美、文化等多方面的内容有机整合，以师生之间的良性互动推动学生开展探究性学习，使语文课堂丰富且精彩。

（一）课前充分准备，引导学生独立学习

翻转课堂教学模式下的课程准备环节，对教师综合教学能力提出了更高的要求。教师要能够依托微课视频，引领学生完成课前预习，这个过程既不能与课堂教学模式完全重叠，更不能照搬传统模式让学生来学习知识，而是要能够推动核心素养理念扎实落地。

让学生更好地结合教师的引导来学习知识，预习课文，突破基础性知识。以《卖火柴的小女孩》这节课为例，在正式教学落实之前，教师就要通过微课帮助学生更好地达成持续先导目标。首先，针对本节课需要学习的生字，教师要能够以微课的形式为学生落实鲜活的书法指导，使学生更好地感受语言文字音、形、义完美结合的流畅美感。让学生对照教师呈现的视频，更好地揣摩如何把握汉字的书写结构，彰显出汉字的比例和谐和挺拔姿态。尤其是对于一些笔画较多的字，要从偏旁讲解入手，让学生更好地处理各个笔画的有

效穿插，使学生感受汉字的形态之美。其次，在突破了汉字这一关之后，对于课文本身，教师还要提出相应的问题，让学生思考："这篇课文主要讲了一个怎样的故事？小女孩一共擦燃了几次火柴？小女孩擦亮火柴前后有哪些不同表现？"抓住文章中的一些核心词汇：温暖与寒冷、食物与饥饿、欢乐与痛苦、疼爱与孤独、快乐与死亡，帮助欣赏完成文章的初步审美。最后再预留一个开放性问题，让学生想一想："这个故事中印象最深刻的是哪个部分？"让学生试着讲自己想到了什么。对于文中出现的环境描写也要让学生细细揣摩，并尝试有效借鉴。

学生要拿出足够的时间充分落实课前预习环节，每次预习都要做到七项工作：第一，标。标注生字、生词，标注文章精彩自然段和句子。第二，听。聆听标准音频，掌握有感情朗读的技巧。第三，圈。圈一圈文章中的Ⅰ类字，学会读这类文字，并在文章中找到这些字，学会组词和造句。第四，写。对于Ⅰ类字的拼音、部首、比画，要做到规范准确书写和记忆。第五，认。对于Ⅱ类字，要能读、会认，学有余力的学生可以尝试写。第六，思。对于课后题及教师在微课中提出的疑问，要及时思考，为课堂发言做好充分准备。第七，积。选择一些优秀的词句，完成自主积累环节。另外，还可以尝试用口头填空的方式，将一些成语、四字词语、优美短句等识记和表达。

（二）师生充分互动，构建高效活力课堂

翻转课堂下的学习过程有效前置，但课堂依然是学生学习的主要阵地。在课堂教学推进的过程中，教师除了要与学生一起回顾微课中提到的基础知识和思考问题之外，更要带动学生思维的积极性，推动审美和文化层面的教学实施，构建活力课堂。

首先，要为学生预习展示创造一个有效的平台，让学生将自己练字的成果、梳理的脉络结构图以及积累的一些优秀词句带到课堂上与大家分享交流，这是提升学生运用语文基本能力、推动语言审美的基础环节。教师可以让学生以四人或六人为一小组进行有效的对话和交流。在小组内部评选出优秀作品，再到台前来展示，为学生提供充分的交流空间，指引学生更好地学习和提升。同时，通过对优秀作品的观展，让学生学会更好地借鉴同学的一些优秀思路，为下次自主预习的开展奠定良好基础。

其次，问题引导，推动学生更好地互动交流，突破课文学习中的一些重难点。这一环节推进的过程中，教师要更好地从整体结构、语言审美、文化理解等多个角度为学生设计问题，让学生之间充分交流，以更好地掌握学习方法。以《大青树下的小学》这篇文章为例，教师可以设计几个问题："课文写了什么？这所学校有什么特别的地方？校园内孩子们的学习生活有什么特点？抒发了作者对民族小学的何种情感？"通过层层递进的问题引导，让学生对文章的理解可以达到一个更高的层面，同时学生之间的互动交流，更好地推

动学生对基础知识的掌握，并鼓励学生通过解析句型、模拟创编等多种学习模式营造融洽的课堂气氛。

在学生自主讨论的基础上，教师要进一步引领学生开展头脑风暴，监测学生当堂学习成果，推动学生对课本内容的创新性理解。教师可以在黑板上出示几个核心词汇，让学生用自己的语言对整篇文本进行有效的串联和陈述。发展学生语用能力的同时，帮助学生更好地把握作者情感表达的巧妙，推动学生在语言、思维、文化审美等方面更好地学习和发展。

（三）落实课后延伸，拓展学生学习视角

翻转课堂理念指引下的小学语文教学，既需要学生在课前完成大量的自主学习任务，又需要以课后拓展帮助学生更好地消化和吸收课堂所学内容，这样才可以为学生的创新性应用奠定良好基础。在课后拓展环节落实的过程中，首先要回归文本，引领学生更好地完成语言的审美和写作借鉴，如学习《彩色的梦》这篇课文后，可以让学生绘制一张小报。模仿作者的行文方式，仿写一个句子，反映自己绘制的内容。这类作业模式新颖有趣，更易被学生接受，而且可以帮助学生更好地回归文本，进行创新性借鉴。

课内阅读教学落实的过程中，教师要鼓励学生丰富课外阅读，扩大学习积累。如学习了《树和喜鹊》之后，可以让学生再进一步拓展阅读散文《枫树上的喜鹊》，还可以读《一粒种子的旅行》，也可以读自然类读物《我的野生动物朋友》。通过丰富多元的阅读实践，更好地丰富学生的语文积累，扩大学生文本对比的视角，使学生在审美和文化层面受到多元熏陶，为学生自主创新奠定良好基础。另外，教师还可以为学生布置一些练笔的任务。学完了描写月亮的古诗词之后。可以为学生布置小练笔，让学生与自己的生活实践有机关联，在月圆之夜从楼上下来，站在郁郁葱葱的树木之中，欣赏明月，聆听夜晚的宁静，培养学生认知美、感受美的能力，为学生练笔写作奠定良好基础。

总而言之，核心素养视域下小学语文翻转课堂教学要更好地体现以人为本的教育理念，关注学生良好学习习惯的养成，发展学生核心素养，使学生在学习中丰富积累，循序提升，为学生全面发展注入更多动力。

第四节　基于核心素养的小学语文微课教学设计研究

随着信息技术的不断发展，微课逐渐被应用到小学各个学科的教学中。小学语文教师应该将语文课堂作为微课开发的主要阵地，发挥微课的优势促进小学语文教学质量和效率

的提高。

当前，教育改革围绕"素养教育""微课"等教学趋势开展，微课在小学语文课堂教学中的作用也日益凸显。目前我国各地的教育发展趋势以智慧课堂、信息化教育等为主，不断健全和完善的远程教育平台也为语文教师和学生带来了更加丰富的教学资源，教师通过学习和借鉴更新了自己的教学方法，学生也通过互联网开阔了自己的视野。此外，大部分学校将信息化能力作为培养和提升教师的重点，这为微课的利用奠定了基础。线上线下培训学科骨干，也壮大了微课开发的师资队伍。微课在小学语文教学中的运用越来越广泛，教师的教育观念也发生了很大的转变，在日常教学中教师更多地利用微课开展教学，对微课的运用有了足够的重视。因此，微课在小学语文课堂中的运用有广阔的前景。

一、基于核心素养的小学语文微课开发要点

（一）深度挖掘语文学科课程资源

大部分语文教师存在着如下困惑，不知道丰富的语文课程资源从哪里获取。事实上，在对微课进行开发的过程中，教师不必深入考虑这一问题。就小学义务教育阶段所采用的语文教材而言，各单元的关键词都提示了单元的主要内容，单元主题明确，课时目标精细，教学重难点突出，每个模块都有丰富的教学资源。尤其是综合教学模块，知识涵盖面广，其主要特点就是实践性、灵活性和多样性，教师可引导学生通过课本内容提炼读写技巧，并结合实际生活，让学生在具体操作中感受课文内容，解决课堂中的疑难问题，把文本内容的作用发挥到最大化。此外，不同的地区、校园、班级都具有不同的文化背景和文化环境，这些都是最宝贵的语文课程资源。因此，小学语文可以开发的微课资源很多，地域风土人情和旅游文化遗产等具有地方特色和民族风格的内容都可以作为微课资源，且具有很高的利用价值。

例如，在教学《十二月花名歌》时，可以结合通渭县在金银花种植产业中的各项惠民措施，以金银花种植基地的风土人情为切入点，以文字、图片、短视频等方式，给学生讲述人们通过种植金银花发家致富的故事，让学生了解家乡的发展变化，从而激发学生热爱家乡的情感。

综上所述，语文教师在收集微课素材的过程中需要多观察、多思考，结合学生的实际情况不断探索和积累可用的生活素材。

（二）充分寻找多样化的课程资源

在开发设计微课的过程中，学校和教师需要深入社区调查研究，充分发掘社区资源，

加工和整理各类社会资源，然后将其作为校园教育和班级教学的素材。学生在语文教学中将学到的知识内化后，需要科学合理地运用到实际生活中，才能实现知识的巩固和升华。因此，学校在对语文课程进行设计的过程中，需要有意识地加入社区活动，为学生提供参与社会活动的机会，让学生在实践活动中锻炼自己，获得最为直观的感受，如此可以加深他们对文本理论知识的认知。

例如，在教学《母鸡》这篇课文时，为了让学生更全面地了解课文中母鸡的形象，教师可以带领学生参观了附近的养鸡场，让学生亲自喂养小鸡，并要求学生在喂养的过程中仔细观察母鸡的一举一动。通过生活实践，学生们都观察到了母鸡的一些生活习性，当课堂中讲解到母鸡的动作时，学生们都能熟练地进行模仿，课堂氛围非常热烈。教师挖掘多样性的课程资源要体现出语文学科所具有的工具性和人文性特点。学生可以通过接触不同的职业，把自己在课堂中所学到的知识进行运用和实践，这样既能促进他们对语文知识的接受和理解，又能丰富学生的课外生活和社会阅历。

二、基于核心素养的小学语文微课教学策略

（一）构建并完善微课整体的应用环境

随着教育的现代化发展，微课的出现是历史的必然，它可以使教学活动不再受到时间和空间等因素的限制，方便教师和学生之间的交流，拓宽教师获取教育信息的渠道，充当学生的移动学习工具，也勾勒出现代教育发展的前景。微课最主要的特点就是短小精悍、直观明了、具有明确的主题等。在设计微课课件时，教师需要根据教学实际需求，突出教学主题，明确教学重难点，这样，才可以在语文教学中充分发挥微课的作用。此外，微课开发者在设计和开发微课时，必须采用多样化的方式来建立微课应用平台，规范微课平台的操作流程，不断细化微课平台的各项功能，如此才可以为学生提供满足其个性化需求的教学环境。

（二）通过创设微课情境培养学生核心素养

小学语文课堂中，由于学生年纪较小，理性思维尚未成熟，具有较强的形象思维，极易对新事物感到好奇。因此，教师应以核心素养为教学核心，对小学语文微课课件进行设计时需要结合学生的思维特点，采用微课帮助学生培养语文核心素养，将语文知识由抽象变得形象，帮助学生集中注意力，获得更加真切的感受，同时提升他们的语文学习效果。

例如，教师在讲授《七月的天山》这篇课文时，如果只是对课文内容进行简单的讲述，学生对课文的理解就会仅局限于文字层面，难以想象到具体的画面，无法获得身临其

境的感受，更难体会到美丽壮观的七月天山。但是如果教师利用微课来实施教学，充分展示七月天山美景，让学生看到七月天山神秘的芳容，这样学生在品味语言文字的同时，也能结合微课上展示的具体景象，充分展开丰富的想象，欣赏充满魅力的自然景观，赞叹风光秀丽的祖国山川，如此可以更好地培养他们的鉴赏能力和爱国之情。

（三）加强优化小学语文的微课教学模式

在学习小学语文课文时，多数学生在学习重要的段落和难理解的语段时，会采用背诵的方法。虽然这一方法能在一定程度上加强学生的听说读写能力，但死记硬背对拓展语文能力和提升语文素养的作用甚微，并且机械式的重复记忆只会给学生带来更多的负担，好多学生在繁重的背诵任务中会逐渐失去对语文学习的兴趣，甚至厌烦阅读与写作，这会打击学生学习语文学科的主动性和积极性。如果教师在语文教学中适当应用微课，就可以优化学生的学习方法，减少他们的学习负担。通常来说，在学习新课文时，教师会要求学生先独立阅读课文，利用微课开展教学时，教师可以先向学生普及网络上查找到的与该课文相关的背景资料，让学生大致了解该篇课文，并形成自己的见解，这样也有利于学生在阅读课文时进行思考，提高语文教学效果。在学生初步了解该篇课文后，教师需要做好课堂指导，让学生可以更好地实现对知识要点的掌握，提升记忆效率，实现主动学习。

例如，教师在教授《狼牙山五壮士》这篇课文时，可以播放有关该课文的纪录片，学生观看完后，会在脑海中对舍生取义、大公无私的五壮士英雄形象产生深刻的印象。之后教师在教授这篇课文时，学生脑海中就会浮现出相应的画面，助其更好地理解课文中的内容。又如在教学《精卫填海》这篇文章时，教师可以先展示一些关于神话故事的图片，让学生了解神话故事，充分体会神话的无穷魅力，激发学生的求知欲，进而再切入文本内容，引导学生感受精卫鸟"常衔西山之木石，以堙于东海"这种面对困难决不退缩的魄力和决心。最后，教师再通过精卫的形象，让学生列举现实生活中像精卫一样矢志不渝、敢于同困难做斗争的英雄人物，从而塑造学生的价值观念。

综上所述，学生在观看微课视频的同时，不仅会集中注意力认真学习，还会对语文产生好奇心理和探索兴趣，能够更深刻地理解课文。这种教学方式不仅可以减少学生的学习压力，还可以实现对语文教学方式的优化。

（四）通过微课增强小学语文教学交互性

教师是课堂教学的设计者和实施者，为了提升小学语文教学的交互性，在开发设计语文微课时，教师需要将交互环节和评价环节作为微课教学的重点，如此才能够在小学语文教学中充分体现出微课的重要作用。利用微课来提升小学语文教学的交互性，可以从以下方面入手：

1. 与个人生活经验交互

教师开展微课教学时，要把微课内容与学生的生活经验相结合。例如，在教学《挑山工》这篇课文时，教师可让学生通过自己的亲身经历体会到挑山工"斜行向上""每转一次身，扁担换一次肩"的秘诀，从而明确"省力"的原因。如果教师只按传统的教学方式给学生讲解，忽视学生在生活中的实际体会，就会使学生在课堂中处于被动状态，学生的思维能力就得不到很好的发展。因此，教师在设计微课时，要充分考虑学生的实际生活经历，这是教与学互相促成的关键。

2. 与微课交互

与微课交互是指在设计微课交互任务期间，教师要让学生在学习中主动提出问题并对所提问题进行积极思考，在学习完微课后能够自我梳理和整合重要知识点，进一步内化和巩固所学内容。学生在面对交互任务时，会对自己所感兴趣的内容进行深入探究，教师要结合学生的这一特点，在设计交互任务时提前预想每一个任务所要达到的目标，结合学生的实际情况，设计符合学生学情的任务。这样既能引发学生的好奇心理和探究新知的欲望，又能实现学生与微课的交互。

3. 生生间的交互

生生之间展开互动是语文课的一个重要环节，在微课教学期间这种互动也必不可少，教师需要引导学生与学生之间展开更多的互动，探讨学习方法，共享学习资源，分享学习心得，交流学习所获。例如，在讲授到黄继光炸敌人碉堡两次"站起来"这一情景时，学生们有不同的看法，例如"黄继光在身负重伤的情况下是如何站起来的"这一问题，大家各持己见，讨论激烈。此时，教师播放了黄继光炸碉堡的相关视频，通过观看影片，学生们了解到黄继光"站起来"的具体场景，对两次"站起来"有了深刻的认识。学生在微课的学习过程中，通过相互交流互动，在实现开阔自身视野、激发个人想象和感受微课魅力的同时，还能够与同伴进行友好的交流，取人之长，补己之短，丰富自己的语文情趣。此外，想要保持微课在小学语文教学中的无限活力，教师还需要收集与整理各类信息，持续不断做好对微课的优化和调整，如此，才能够在实际应用微课时，优化微课与教师、学生之间的交互，使教与学能够有机结合起来，充分发挥出微课的作用。

随着核心素质教育在国内的推行，新课程改革不断深化，微课在小学语文课堂教学中的应用会越来越广泛，这种新兴的教学模式将对语文课堂产生深远的影响，使语文课堂教学形式产生明显改变，帮助学生更好地理解和掌握语文知识，让立德树人的思想在语文课堂中真正得到落实，从而全面提升学生的核心素养。

第五节 基于核心素养的小学语文大单元教学设计研究

新时代以来,我国的基础教育课程改革进入了一个新的阶段,指向核心素养的课程教学改革成为我国基础教育重点研究议题之一。"指向学生核心素养发展的大单元教学"近日成为落实核心素养发展的新的教学理念,该理念主张根据学生的身心发展水平和经验,按照课程标准和核心素养的要求以内容作为划分单元的主题,开展连续课时的大单元教学,能够有效地将课本中碎片化的"惰性知识"转化为整体性的"活性素养"。原本教学中单篇教学的形式所带来的知识点碎片化,破坏知识整体性、系统性的教学方法不再适用,起统率作用的大单元教学针对的不是单一知识点、技能的传授,而是必备品格、关键能力与价值观的培养,要求老师普遍提高教学设计的站位,以大观念、项目、任务、问题作为教学的出发点,当教师能够从学科专家的角度进行考量,才会理解学科育人的本质。

另外,指向核心素养的大单元教学设计能够帮助教师转变以考试为导向的教学方式,传统以考试为导向的"考试风向标"看不到学生的能力、品格和观念,大单元教学设计主张教师从大处着眼,从长远发展的角度切入促进学生发展。

大单元教学作为一种新的教学理念目前被应用于许多学科中,理念的效用需要在具体的实践内容中发挥出来,目前较多的理论探索集中于数学等理科,而这一理念的应用需要去匹配不同的教学内容。小学语文教学有着自己独特的教学体系,在进行大单元教学时必定不能按照模式化的理念规定进行教学设计,而是要与小学生的学情以及语文学科所特有的教学特点、内容进行融合,找到最佳教学实施路径。

一、基于核心素养的小学语文大单元教学设计理论

科学的理论是研究大单元教学的基石,为构建科学的大单元教学提供了视角。大单元教学的理论基础主要有布鲁纳的结构主义教育思想、格式塔心理学和具身认知理论。

(一) 布鲁纳结构主义教育思想

布鲁纳,美国著名教育心理学家,当代认知心理学先驱,1960 年,布鲁纳在《教育过程》一书中提出"无论我们教什么学科,学生都必须掌握该学科的基本结构"。只有掌握了基本结构,我们才能帮助学生迁移知识并解决课堂外遇到的问题。布鲁纳在心理学的基础上指出,教育过程的核心应该是一般概念的迁移和应用,而一般概念的获得取决于对学科基本结构的掌握,并建议学校课程和教学方法应与学科里的基本概念紧密结合。布鲁

纳强调掌握该学科的基本结构，首先需要掌握一般的概念和原理，概念和原则是学科的最基本组成部分；其次，要掌握学科知识的内在联系，学习结构就是学习事物之间的关联性；最后，学习基本结构还要求学生具有一定的学习态度和学习方法，要掌握某个领域的基本概念，就必须培养对调查和研究、推测和预感、独立解决问题的态度。

掌握学科的基本结构有重要的教育教学价值，主要表现在：第一，掌握学科的基本结构，有利于整体把握学科的内容，进而促进对于知识的理解；第二，掌握学科的基本结构有利于识记，有利于在我们需要时在记忆中提取出能够将一件件事情重新架构出来的思路；第三，掌握学科的基本结构有利知识的迁移，有助于学生在以后可能遇见的类似的事件里将原有的知识结构进行大量普遍的迁移；第四，能够缩小初高级知识之间的差距。

布鲁纳的结构主义对于当前实施大单元教学上有很大的启发意义。大单元教学的实施在于将一整个单元以大任务驱动的方式联系目标、内容、实施和评价，这样做的目的就在于使学生掌握本单元的基本结构，并且掌握了本单元中逐篇课文、口语交际、综合性活动等之间的内在联系，有利于在学生头脑中形成关于某个基本概念的一个完整的结构框架，这就是结构主义在大单元教学中最大的理论依据。另外，大单元教学倡导在潜移默化中教给学生正确的学习方法，这也正是结构主义所强调的。学习不能将知识支离，而要从整体上把握知识的结构及知识之间的内在联系，目前的教科书教学中，许多教师一篇篇的讲解课文，这样原本相互关联的知识便以碎片化的记忆方式存留在学生的头脑中，导致识记困难提取困难。

(二) 格式塔心理学

格式塔心理学，也称为完形心理学，起源于德国，格式塔心理学的最重要特征之一就是完整性，格式塔心理学提倡研究人们的直接体验和行为，强调完整的直接体验和行为。格式塔心理学理论的整体性原则强调了整体的概念对于各部分要素的把握的优势，教师需要将教学内容以整体的形式出现在学生面前，使学生形成对于内容的整体的概念，若是单篇教学则很难形成整体的意识。在进行大单元教学时，呈现本单元完整的教学框架，同学们在头脑中先把握住整体的概念之后，教师循序渐进展开各部分组成要素及其之间的关联，最后学完一个单元后，重温本单元的整体结构框架，这样整体与部分就可以完整地在学生头脑中形成知觉概念。格式塔心理学理论中的整体性原则有助于大单元教学的有效实施。

(三) 具身认知理论

具身认知理论是 20 世纪 80 年代新兴起的一种认知理论，强调认知对于身体的依赖，即人的认知形成是由身体的体验和行动方式构成的，打破了身心二元论下的离身心智论。具身认知让我们重新看到了认知、身体与环境的关系，首先，认知是具身的，认知形成由身体本身的体验和行动方式构成；其次，认知的过程建立在神经系统上，存在于大脑，而大脑依赖于身体，身体处于一定的环境之中，认知、身体、环境一体；最后，认知具有情境性，因为认知是基于个体与情境的相互作用过程中的。由此可见，具身认知理论多次反复强调的是身体在认知过程中的重要作用，通过利用主题的各种感官体验，促进判断和认知的深化。

从具身认知理论的三个特点来看，大单元教学设计正是贯彻运用了这一理论。大单元教学强调一个单元是一个大任务或大项目驱动的完整教学事件，通过分析教材、课标设计单元目标后，要求创设真实的情境，整合学习内容，让学生在大情境下通过一个个的活动完成具有内在联系的各个部分，从而实现素养的发展。可见，大单元教学的整个过程都强调了学生主体的参与，身心一体的参与到教师所创设的情景和活动中去，符合认知发展的规律。

二、基于核心素养的小学语文大单元教学设计特点

（一）从碎片化走向体系化

在当前应试教育的大背景下，我国的课堂教学仍然以碎片化知识点的讲解为主，以知识点或者考点作为贯穿课堂的线索，课文被分解，单元被拆解，整本教材更是被分解。大单元教学的提出，推翻了课时主义的壁垒，强调在一个完整的任务驱动下联动所有的任务、目标、内容、实施与评价完成单元的学习，整个单元变成一个思维逻辑紧密的系统，这个系统倡导"大观念""大任务""大情境"下的教学，彻底改变了基于碎片化知识点的教学方法，目标的设定不再是知识点的掌握，转而为核心素养的落实，单元课程重构为一个体系化的教学系统，进而促进落实学生的核心素养，创造优质教学。这就要求教师需要提高教学设计的站位，打破关注单一知识点的思维定式，从而使得"逐一"知识点的"了解""识记"等现状从此退出历史舞台。

（二）从去情景化走向真实情境

核心素养的落实无法从流于文字表面的知识学习上得到真正的贯彻，就像学习不仅是个体积极进行意义建构的心理过程，而是个体真实参与实践获得行为保持的一个过程。学生在课堂上学习的知识之所以无法有效的迁移到生活中去，是因为学生在学习的过程中只有心理的参与，真实的情景被简化、抽离，经验与认知分离，无法与真实生活中的情景问

题进行链接。大单元教学倡导学生在真实地情境下去认识问题、解决问题，整个教学过程围绕着一个真实的、与自己的经验世界密切关联的大任务展开，为处置于其中的学习者提供了进行表达、思考、实践的背景条件，既激发了学生学习探究的兴趣，又能够激活学生的生活经验与语言经验。这样的大单元教学贴近学生真实地生活，学生在用中学，学以致用。

（三）任务驱动的教学模式

传统的活动教学中，课堂上教师安排的任务活动是由一个个碎片化的小任务串联而成，学生在通过一个个任务的完成之后获得相关知识的学习与应用，这样的碎片化任务只作用于对应拆分下的知识点的学习，相对于整个单元的内容、结构的掌握而言其作用就很小。大单元教学模式下的任务是引领整个单元的大任务，以学生实际生活情境中的问题解决为主，串联起整个单元下的不同课型，帮助学生在解决实际问题的过程中进行语文学习，包括整合新旧知识，尝试进行一系列的推论与猜想，发展多种认知策略。学生在完成这个任务的过程中体验的就是一个完整的学习过程。这样在完成真实任务的过程中，学生不断地积累和丰富自己的语言经验，进行语文实践，能够有效地将自己的所学与实际生活进行关联，形成对于世界的完整的认知结构，不仅提高了知识迁移的水平，还加强了他们内在的语文素养，锻炼了一定的语文能力，这便是大单元教学倡导大任务驱动模式的主要价值。

三、基于核心素养的小学语文大单元教学设计开展

要开展基于核心素养的小学语文大单元教学，教师要遵循教材的编排体系，换言之，教师不仅要关注人文主题和语文要素的双线组元结构，还要关注精读、略读、课外阅读三位一体的阅读体系，同时要重视方法指导。

（一）单元导读：培养整体意识，提升思维品质

单元导读主要是通过教师的引领让学生明晰单元的人文主题和语文要素，使其了解单元结构和主题探究。在单元导读课中，教师应先引导学生学习单元页，让其明确单元的人文主题和语文要素，接着学生通读课文，在通读课文的基础上再通过"交流平台"了解阅读古典名著的方法，通过"快乐读书吧"明确本学期的课外阅读书目，最后让学生提前阅读教学指定的书目。这一过程有利于培养学生的整体意识、思维品质和学习习惯。

（二）精读引领：渗透学法指导，掌握阅读策略

精读课文的学习是一个得法的过程，精读引领的关键是教师在教学中有意识地进行学

法指导，教给学生一些有效的阅读策略。如对于"草船借箭"和"景阳冈"这两篇课文的教学，教师可渗透阅读策略，如"按起因、经过、结果的顺序理解课文内容""通过人物言行的关键语句，体会人物特点""联系上下文猜读""借助资料、影视作品理解人物"，这些策略需要教师在精读中引领学生掌握。此外，"草船借箭"课后的"阅读链接"提供了与课文内容相对应的原著片段，"景阳冈"课后的"资料袋"提供了原著的相关介绍。这些都是引导学生走近古典名著、感受古典名著魅力的重要资源。

（三）自主阅读：从得法到用法，实现自我建构

自主阅读主要指略读课文的教学。略读课文不设课后题，而是在文前安排"学习提示"，提出相关问题或者学习建议。自主阅读是一个用法的过程，学生利用在精讲课文中学到的方法自主阅读略读课文。在自主阅读课中，教师要根据阅读提示引导学生自学，充分放手，最后通过展示交流来检测学生的学习成果。例如，"猴王出世"的阅读提示是：默读课文，遇到不明白的语句，可以猜猜大致意思，然后继续往下读。最后用自己的话说一说石猴是怎么出世的，又是怎么成为猴王的。这就给学生指明了学习方向，即利用猜读的方法阅读，完成对内容的理解。教师可以在学生自读的基础上再要求其复述，以检测阅读成果。这样有放有收的教学既尊重了学生的个性，又落实了语文要素培养。

（四）展示分享：单元梳理展示，提升核心素养

"展示分享主要是学生对整个单元的学习进行梳理，从人文主题和语文要素两个方面出发，以思维导图、知识树或情感诵读等形式进行知识汇总分享"。这是单元学习之后的再提升，既能加深学生对单元教学的理解，又能检测学生的单元学习情况。展示分享课和单元导读课的前后呼应还能加深学生对单元整体架构的把握，并使学生的思维品质、表达能力、审美鉴赏能力等核心素养得到提升。

（五）课外阅读：注重过程指导，课内课外双赢

教师应结合单元的人文主题推荐阅读书目，这是单元教学的拓展与延伸。同时，教师应根据教材的编排体系通过激发兴趣、指导阅读、制订计划等环节进行读前指导，在读中跟进，最后让学生通过思维导图、手抄报、课本剧、读后感等多种方式展示阅读成果。

参考文献

［1］白春荣．浅谈学科核心素养背景下小学语文课程校本化的改进［J］．语文建设，2020（22）：71-73.

［2］蔡明花，靳涌韬，刘春．基于核心素养培育的小学语文教材创新思考［J］．中小学教师培训，2018（2）：36-40.

［3］曾春才．核心素养视角下开展小学语文阅读教学的策略［J］．福建茶叶，2020，42（4）：255.

［4］柴亚萍．基于核心素养的小学语文微课开发研究［J］．教育界，2022（17）：83.

［5］丁莉莉．基于核心素养发展的小学语文教学设计和策略研究［J］．中国教育学刊，2018（8）：77-80.

［6］段林桥，王剑锋．小学语文核心素养的课堂表达［J］．中国教育学刊，2020（3）：105.

［7］傅登顺．核心素养关照下小学语文教学新思路［J］．中小学教师培训，2018（8）：47-50.

［8］顾可雅．基于核心素养的小学语文教学设计［M］．宁波：宁波出版社，2018.

［9］管贤强，吕煜琳，蒋帅．核心素养背景下小学语文教学观的三大转变［J］．语文建设，2022（10）：4-7.

［10］胡冰茹，周彩虹．小学语文课程教学与设计［M］．苏州：苏州大学出版社，2020.

［11］黄河，张雨．基于"四个评价"的小学语文核心素养评价体系研究［J］．语文建设，2021（18）：59-63.

［12］黄洁梅．基于语文核心素养的小学语文综合性学习初探［J］．新教师，2022（2）：42.

［13］黄晓娜，武卓妮．核心素养视域下小学语文教师专业发展需求研究［J］．现代中小学教育，2022，38（7）：65-70.

［14］计宇．小学语文核心素养的构成与培养路径［J］．教学与管理（小学版），2018（6）：40-42.

［15］贾亚东．指向核心素养的小学语文阅读目标分析［J］．教学与管理（小学版），2021（2）：45-47.

［16］江平．小学语文课程与教学［M］．北京：高等教育出版社．2004.

［17］江玉安．小学语文课程与教学导论［M］．长沙：湖南师范大学出版社，2018.

［18］李雨桐．核心素养语境下的小学语文教学思维转向［J］．新作文，2022（18）：8.

［19］李玉勤．最美的遇见：小学语文阅读教学的观与议［M］．芜湖：安徽师范大学出版社，2018.

［20］廖娅晖．小学语文教学设计［M］．北京：中国铁道出版社，2018.

［21］刘玉琦．基于核心素养的小学语文大单元教学策略研究［J］．新课程研究，2021（23）：8.

［22］柳舒．小学阅读课程文体研究［M］．成都：西南交通大学出版社，2019.

［23］陆韵，彭小琴．核心素养在小学语文教科书儿童形象中的呈现［J］．教学与管理（理论版），2019（1）：77-80.

［24］吕珈臻．小学语文阅读能力发展策略研究［M］．福州：海峡文艺出版社，2019.

［25］吕倩云．基于核心素养的小学语文读写结合策略探究［J］．名师在线，2022（20）：49.

［26］马艳．核心素养导向下小学语文教科书练习系统的逆向设计［J］．内蒙古师范大学学报（教育科学版），2022，35（3）：122-128.

［27］蒙海莎．核心素养视域下小学语文写话教学创新设计［J］．广西教育，2022（19）：70.

［28］皮连生．从教育目标分类学看语文学科核心素养论［J］．课程．教材．教法，2022，42（2）：4-11.

［29］齐进．浅谈小学语文精读课"导学案"设计原则［J］．学周刊：下旬，2013（3）：1.

［30］饶满萍．小学语文教学设计与实施［M］．成都：西南交通大学出版社，2019.

［31］苏敏．小学全科教师语文核心素养体系建构［J］．中国教育学刊，2021（10）：99-102.

［32］王瑞萍．生本理念视角下的小学语文大阅读教学策略研究［J］．中华少年，2016（4）：1.

［33］王文永，董纪敏．小学语文略读课教学的有效策略［J］．教育与教学研究，2011，25（7）：4.

［34］王喜斌，王会娟．小学语文学科"核心素养"的内涵及其实现路径［J］．教学与管

理（理论版），2018（4）：81-83.

[35] 王志宏．博融语文：培养小学生核心素养的教学创新［J］．中国教育学刊，2019
（11）：101-103.

[36] 夏海燕．核心素养背景下小学语文阅读教学的优化策略［J］．语文教学通讯·D刊
（学术刊），2022（7）：61.

[37] 许红琴．深度学习——基于核心素养的小学语文教学［J］．中小学教师培训，2018
（1）：40-43.

[38] 许红琴．思维的发展与提升：基于核心素养的小学语文教学［J］．中小学教师培
训，2018（11）：36-39.

[39] 张吉宏．核心素养视域下小学语文翻转课堂教学研究［J］．新课程，2022
（26）：46.

[40] 张亚，杨道宇．基于核心素养导向的小学语文教学［J］．教育探索，2016（10）：
21-24.

[41] 张玉婷．基于核心素养的小学语文词语教学策略［J］．新作文，2021（36）：50.

[42] 张祖玲．基于核心素养的小学语文写作教学的优化路径［J］．新课程，2022
（13）：26.

[43] 郑春阳．基于核心素养的小学语文个性化作业设计［J］．天津教育，2022
（20）：108.